法医笔记

死亡与
识骨背后

王敏◎著

中国法制出版社
CHINA LEGAL PUBLISHING HOUSE

序

几个月前作者联系我，想要我给他的书写一篇序的时候，我甚至有些疑惑：这个人是谁？经过与他的交谈，我渐渐回忆起了这个曾经在我班里上课的学生，那时的他并不起眼。

我询问他当初是怎么想到要写这些东西的。他说，为了记录自己的工作和生活，也为了让大家更好地看到真实的法医。我很佩服他的想法。现代法医学在我国发展的时间并不久，甚至更多人还是更加熟悉“仵作”这个称呼。我从接触法医职业到从事法医职业已经将近四十年了，在听了学生写下这些文字的初衷后，我也想看看他是如何理解法医这个职业的。

我认真阅读了他的书稿，内容包括他工作中遇到的一些案例、一些他的有趣的经历、他对法医这个职业的理解，以及这份工作带给他的诸多感悟。从他的文字中我发现，他是一个生活中的有心人，对于他的许多思考，我亦感同身受。

正如我曾面对同样的问题：“见过那么多的死亡，是不是对生命的感觉变得麻木了？”作者做了很好的回答：“见过了那么多生命的逝去，我越来越觉得生命的美好与可贵，也越来越觉得生命的脆弱与易逝。我依旧对生命充满了热爱与敬畏，依旧会为每一个逝去的灵魂悲恸与祈祷。法医这个职业，能让人的心变得柔软。”

生命与死亡，一直是古今中外人们不断探索的命题，人们想要看破其中的奥秘，破解它们的密码。而作为法医，我们正从事着与生命和死亡最接近的职业。作者是一位很优秀的观察者，在工作之时、生活之余，他观察着死亡，也观察着生命，更观察着人们的内心。这正是有些人所缺乏的——不善于观察，亦不勤于思考。工作的劳碌与即时的娱乐占据了他们大部分的时间，以致他们忘了停下来看一看、想一想。所以，如果只是浮于表象，你并不会得到什么，但是沉下心来去思考表象背后的东西，你定会有所收获。我也希望各位读者能够从本书的思考中有所收获。

就让我们跟着作者一起走进这本书，走进最真实的法医世界。

刘良

2022年1月22日于武汉

目 录

上篇 死与生

下篇 关于法医

上篇

死与生

第一节 — 1

法医探案

“狼人”

现场位于一幢非常老旧的六层居民楼内，大多数本地人已经从这里搬走，将房子租给在本市打工的人员。我俯身钻过警戒带，便看到冯威[①]迎向我们，他是第一个到达现场的民警。

“什么情况？”我停下脚步，问道。

“今天上午十点左右，401室的房东过来找死者收房租，之前房东打过好几个电话，一直没人接，便找了过来，结果发现租客已经死在了屋子里。”

“死者身份明确吗？”

“明确的，死者四十五岁，S省人，在这里打工有二三十年了，老家基本上不回去，这么多年一直待在本市，这个地方也租了快十年了。死者平时做一些泥水工作，生活条件一直不是很好。”

---

① 本书所用人名皆为化名。

“一个人住？”

“之前结过一次婚，十几年前老婆带着小孩跑了，不知道什么原因，后来就一直没有再结婚。”

“我听指挥中心在电话里说这是一起命案？”

“怎么说呢，一会儿你看了就知道了，尸体很诡异。到了现场看到那样的尸体，我就立马向领导汇报了，现在已经启动了命案侦破机制。现在死者的关系人应该已经梳理了一遍，正在一个一个去找。”

“有什么发现？”

“死者虽然已经在本市住了几十年，但社会关系并不复杂。我们看了从今天起往前五天的监控——这条路不远处正好有个监控可以看到出入这幢楼的人员情况。”冯威指了指不远处，我看到有个监控正对着我所站的地方，也就是案发居民楼的底楼大门，要进入大楼只有这一个出入口。

“我们只排查了之前五天的监控记录，但不知道具体的死亡时间，还需要你去看看会不会比五天更久。在这五天期间，一共有六个人来找过死者，四名男性，两名女性。

“四名男性中两个是死者工地上的朋友，四天前的晚上这两个人一起过来找的死者。两个人我们分别问了，均说是来找死者喝酒的，那天晚上死者还挺正常，并没有什么异样。这两个人说的基本一致。还有一名男性是死者之前工地上的老板，前天晚上来找死者问他有个活儿要不要做，死者说自己身体不好，就没答应。据这个老板说，当时死者家里还有一名女性，他不认识。最后一个男的是个‘放炮子’的，嫌疑很大。因为死者欠了他一些钱，昨天下午来找死者想叫其还钱，不过他说他正上楼梯的时候接了一个电话，有急事就离开了，压根儿没有到四楼，也没有见到死者。

“两名女性中，一名是前天晚上来找的死者，是个卖淫女，她交代那天晚上死者叫她过去，并且在死者家里吃了晚饭。他们正吃饭时有个男的来了，叫死者去干活儿，死者没有答应。这个男的应该就是死者工地上的老板，这个男的走了之后，卖淫女与死者发生了性关系。还有一个女的是昨天上午来找的死者，这个女的跟死者是姘头关系，死者的手机里有跟她的聊天记录，这种关系应该也保持了有五六年了，她说昨天上午买了点熟菜去死者家里，想跟死者一起吃午饭，不过敲了半天门没人应，以为死者不在，便离开了。大致情况就是这样，直到今天早上房东发现尸体。”

“这些人的话可信吗？”

“暂时没有什么证据能够证明他们的话是否真实，不过那两个喝酒的工友还有老板应该是可信的，因为都有人证。”

“那个卖淫女呢？按照这些人的口供，她应该是最后一个见到死者的。”

“她提供了当晚的微信转账记录，死者的确有转钱给她，不过这个转账记录也不能作为她没有杀人的证据，毕竟也可能是她自己用死者的手机来进行转账操作。”

我点点头，对他们的效率感到惊叹，距离发现尸体的时间没有超过一个小时，工作便已经做得非常细致。我思忖着，如果这些人说的都是实话，那死者的死亡时间至少是在前天晚上之后。我又问道：“那个姘头跟死者的关系如何？”

“她说两人保持这种关系已经很久了，她自己有家室，老公、孩子都在老家，自己一个人在这里打工，所以找了个人一起。两个人平时关系应该还可以，死者的几个工友也都知道这件事。”

我曾经听闻，不少独自出门在外打工的人，都会找一个“临时伴侣”，关系中的双方也往往心照不宣，在异地时保持同居关系，过年过节就各回各家。

“最后是那个‘放炮子’的，以前因为讨债伤害过其他债务人，也曾经被公安机关处理过。他显然是最可疑的。”

“嗯，我知道了，我们先上去看一下现场和尸体的情况吧。”我说完，拎起勘查箱爬上了楼梯。

一走进现场，我便看到了冯威口中那具“诡异”的尸体。尸体为男性，仰卧在地面上，头微微向右边侧着，从嘴部流出的黑色呕吐物自右边嘴角一直延伸，最后滴落到地上，已经干涸，凑近了，隐约可以闻到刺鼻的味道。尸体的舌头微微吐出，被上下齿列死死地咬住。尸体的鼻子周围布满了白色的泡沫，法医学上称为蕈样泡沫，是溺死尸体较为常见的征象之一。可眼前的这具尸体是躺在地上的，身上的衣物干净整洁，丝毫没有进入过水的痕迹。但更加诡异的是尸体的姿势——尸体的双手呈爪状，交叉放在胸前，双腿蜷缩着，膝盖就要抵到胸口，僵硬、可怖。此时的尸体是躺着的，如果将尸体翻个转身，让其俯身向下，那姿态像极了满月之夜嗜血的“狼人”，如此诡异的尸体的确见所未见。眼前的景象让我感到惊愕，我心里隐隐不安——这又是一起充满挑战的死亡事件。

现场是在室内，具备就地对尸体进行初步勘验的条件。于是我戴上手套，开始检查这具来自“异界”的尸体。尸体面部呈紫黑色，尤其是双唇，几乎如墨汁般乌黑，这样的颜色很难不让人警觉。面部的紫黑色像是深踞在地底的树根一样盘互交错，几乎蔓延到双耳后。死者的双眼眼睑有明显的出血点，这是窒息的征象。但我并没有在其颈部看到有勒或掐的痕迹，我猜测死者会不会是被捂死的。于是我用镊子翻开死者的嘴唇，果然在死者牙齿紧紧咬住的舌尖上发现了三处很小的破损，这似乎能够印证死者是被捂死的推测。

“尸体怎么样？”在我检查尸体的时候，分管技术的大队领导居毓哲也到达了现场。

“双眼眼睑有出血点，符合窒息的征象，舌头上有一点破损，像是被捂死的。但是也就仅此而已，没有其他更多的尸体征象来证明这一点。”

“鼻子那儿的泡沫是怎么回事，那个不是溺死的人才有的吗？”

“如你所见，现场一滴水都没有，不过机械性窒息偶尔也会出现蕈样泡沫，它并不是溺死的特异性征象。”我回答。

“口角流出来的是什么东西？”

“不像是血，有点异味，可能是反流的胃内容物，但一时半会儿也说不上来到底是什么东西。”

“这个姿势实在是太奇怪了。”居毓哲也为这诡异的姿势感到震惊。

“的确很奇怪，感觉死之前经历了不小的痛苦。”

“疑点很多啊！鼻子周围这个蕈样泡沫、呕吐物，还有这个奇怪的姿势，都是疑点！现场还有其他什么吗？”

“先把尸体拉走吧，剩下的到殡仪馆再看，十有八九是要解剖了，”我说，“尸体拉走之后我们再把现场好好看一下。”

说着，冯威已经叫了几个弟兄，把尸体装在裹尸袋里，搬上了殡仪馆的运尸车——可以心无旁骛地勘查现场了，有这样的尸体在，总觉得有些瘆人。

不过看了一圈，现场似乎没有特别有价值的东西，除了一些做泥水的工具，屋里的陈设只有一张床、一个柜子、一张桌子和几把椅子，都已经非常破旧。我打开柜子最上层的抽屉，里面放着很多药，药罐子下头压着好几本病历本。我抽出病历本，上头的名字是死者的，看来死者的身体不大好。

翻开病历本，死者最近一次就医是在两个月前，根据病历记载就是去配了些药，病历本上最早的记录可以追溯到四年前。病历本里还夹着一张前年的出院记录，诊断是“风湿性心脏瓣膜病”，出院记录上配的药与抽屉里的药一致。

“风湿性心脏瓣膜病？”这让我感到困惑，心想死者的死亡是不是跟这种疾病有关系。

就目前掌握的信息来看，如果死者是死于非命——这么奇怪的尸体很难不让人起疑，那么来过死者家里的几个人似乎都有嫌疑，但一时半会儿没有证据能够锁定谁才是真正的凶手。尸体本身就足够匪夷所思，为什么会出现那么奇怪的姿势、有蕈样泡沫但现场却是个干地、有窒息表现却找不到造成窒息的手段？现在又多出来一个心脏疾病，死因就变得更加扑朔迷离，我甚至产生了死者是死于疾病的想法。不过盖棺论定为时尚早，到底是谋杀还是自身疾病导致的死亡，查清楚这一点是当务之急。我知道这并不简单，在尸体上发现某种疾病是我非常不愿意碰到的情形，尤其是判断损伤与疾病的关系，谁在死亡中发挥了更重要的作用，每次碰到这样的难题几乎都会让我“精神分裂”。我摇了摇头，脑海里一直盘旋着死者那黑色的脸、奇怪的姿势，这一切的答案，还是应该在尸体上寻找啊！

在现场增援到达后，我与负责拍照的同事一起前往殡仪馆，准备进行进一步的尸体检验。在去殡仪馆的路上，我简单查了一下“风湿性心脏瓣膜病”。风湿性心脏瓣膜病是心脏疾病的一种，在器质性心脏病中比较常见，多是急性风湿性心肌炎后遗留下来的以瓣膜病变为主的心脏病。由于风湿性心脏瓣膜病的存在，肺中的血液没有办法很好地回流至心脏，导致了大量的组织液聚在肺泡、肺间质和细小支气管内，从而造成肺通气与换气功能严重障碍，这是风湿性心脏瓣膜病的一种非常严重的并发症。

“咦，蕈样泡沫……难道是这么来的？”我心里盘算着，似乎在黑暗之中看到了一丝亮光。那这样的话，死因就不是窒息，那又会是什么呢？这些窒息的表现又怎么解释呢？再加上这么奇怪的姿势、黑色的呕吐物……诸多问题仍旧没有得到合理的解释。

到了殡仪馆，我迫不及待地开始进行尸体检验。尸僵在被破坏后，尸体已经正常躺卧在解剖台上。我注视着尸体那紧闭着的双眼，心里默想：“告诉我，把你想说的话都告诉我，让藏于阴暗中的事实重新回到天日之中。”

在再次对尸表进行检验后，我拿起了手术刀，将刀尖郑重地抵在颏下缘。手腕轻轻用力，手术刀刺破了皮肤，接着刀锋向下，顺着前胸正中线，绕过肚脐，一直划到耻骨联合处。腹腔打开的一瞬间，我似乎又闻到了一股异味，这个味道似曾相识。而当我打开胃的时候，这个味道变得更加浓郁。

“中毒！”一个词瞬间出现在我的脑海里。果然，在将死者的胃剪开后，我发现胃内容物同从死者嘴角溢出的东西一样，呈黏稠的黑色。我赶紧将这些东西装进了物证盒，如果是中毒的话，这将是最重要的物证。我把胃剪了下来，冲洗干净，发现胃黏膜有斑点状的出血，这可能是毒物对胃的侵蚀。

除了胃部的重要发现，死者的大脑有比较严重的瘀血水肿，心脏明显增大，心肌间质也有出血，肺切面有泡沫状液体溢出，肺水肿也非常严重。

“这样看来，中毒致死的可能性倒是最大的了。如果是中毒的话，谁的嫌疑最大呢？”我心里盘算着。按照几个人的供述，同死者一起吃过饭的有两个工友和那个卖淫女。卖淫女的嫌疑最大，她最有机会在死者的食物里下毒。我突然想到一个细节，死者的老板那晚曾经去找死者问他要不要干活儿，死者说自己身体不舒服，会不会那时候已经被下毒并且已经产生了一些症状？这一点非常可疑。

那么，如果死因是中毒，会是什么毒物呢？我把能够想到的毒物捋了一遍，虽然有几种毒物可能相符，但在实验室找出确切的毒物之前，武断地下结论并不是明智之举。

解剖完，我第一时间向居毓哲汇报解剖的情况。

“中毒？”居毓哲显然有些吃惊，“什么毒物知道吗？”

“我提取了胃内容物，一会儿送理化室。”

“结果大概什么时候出来？”

“快的话两天吧。”

“知道了。”居毓哲挂断了电话。

就在我把检材都整理好放到车上的时候，居毓哲的电话又来了。

“等不了那么久，有没有其他什么办法？上头很着急，万一是个命案，那这样白白等两天肯定等不起，现在所有侦查都没有方向，如果是中毒那也得有个明确的毒物能够让他们去调查来源，这样才有尽早破案的可能，你必须提供一个大概的方向。”居毓哲用半命令半商量的语气跟我说。

我心里有一丝不悦，但还是闪过了一个想法。“办法是有……就是……有点残忍。”我支支吾吾地说。

“什么办法？”

“搞几只小白鼠，做实验。”我说。

我一回到办公室，梁今就拎着一个笼子，急匆匆跑进来找我。

“喏，给你！”

我一眼看到笼子里有三只小白鼠，正在四处乱窜，显然是受到了惊吓。

“效率这么高，哪里搞来的？”

“别管哪里搞来的，居毓哲说你要，赶紧拿去，催得急！”

“好吧。”我接过笼子。虽然在学校里经常用小白鼠做实验，但也仅仅是在学校里，自打我毕业以来，就没有再接触过这些小动物了。

我起身拎着装了小白鼠的笼子，走到另一间办公室，这里是专门的实验区。

“要不要一起来见证奇迹？”我打电话给居毓哲。

“来了，马上到，你等一下我。”

没过几分钟，他便带着梁今一起进了实验区。

我扔给他们两个 3M 口罩：“口罩且戴好，一会儿的味道怕你们受不了。”

他们乖乖戴上了口罩，打开了执法记录仪，又拿出了照相机，随时准备拍照。

我拿起放在房间角落的一个透明物证袋，解开，从里头拿出一个白色罐子，一股熟悉的异味瞬间在房间里传播开来。

“这是啥？”居毓哲皱了皱眉头，似乎有些嫌恶。

“死者的胃内容物。”我淡淡地说。

“我去，恶心！”

我没理他，自顾自打开装着死者胃内容物的罐子，放在桌上，然后拆开注射器包装，拿出一根注射器。

“你想干吗？”居毓哲又问。

“显而易见啊！”我边说边用注射器在白色罐子里吸取了一些黑色的黏稠液体，然后将注射器原本的小针头换成了一根约 15 厘米长的长针头。

我把视线转向仍旧在笼子里乱窜的小白鼠，说："小乖乖们，别怕哦！"

"你是个变态吧！"居毓哲又说。

"哎呀，我都事先跟你说了有点残忍，你不是说想要快点嘛，不到万不得已我也不想这样啊。"我说。

"行行行，你做你的。"

我在左手戴上一只厚厚的棉手套后，便打开笼子顶部的小门，伸手进去抓了一只小白鼠。我用手握住小白鼠身体的背部，拇指与食指捏在它头后侧靠近颈部位置的两边。这样既能够固定住它的头部，并且让它的头部处于后仰位使得口与食管处于同一直线，又正好能够让它的嘴巴张开以便能够插入针头。我暗自庆幸学校里的那一套还没有忘记。

捏住小白鼠后，我用右手拿起注射器，轻轻将长长的针头伸进它的嘴巴，找准位置将针头向下伸进去。待到针头插入的长度差不多了，我便开始推注针管里的液体——死者的胃内容物，在这里有能够让人丧命的毒物。

我按照这个操作将针管里的液体注射进了两只小白鼠的胃部，两只足够了，另外一只暂且留着。

"好了，等着吧。"我说。

"要等多久？"

"快的话几分钟。"我屏气凝神，注视着被注射了死者胃内容物的两只小白鼠。

两只小白鼠应该并不知道正在发生的事情，我为此感到抱歉。

笼子里的两只小白鼠沿着笼子的边缘游走，边走边不停用两只前爪触摸自己尖尖的嘴巴，似乎是想把肚子里的东西吐出来。的确有一只小白鼠吐出了点东西，黑色的黏稠状的液体，同死者嘴边的东西一样，黑色的液体滴在木色的碎屑上，格外明显。

我们没有等太久，两只小鼠在大约两三分钟之后便出现了症状。只见它们先是口吐白沫，边吐边不停用前爪抓挠着嘴巴。紧接着，它们似乎又变得格外兴奋，在笼子里到处乱窜，没有被灌胃的那只小白鼠似乎也受到了惊吓，躲在角落瑟瑟发抖。又过了两分钟，两只小鼠的身体明显开始变得僵硬，站立不稳，倒在了地上，四条腿伸得笔直，不停地震颤、抖动着。在这样的状态持续不到一分钟后，两只小白鼠便都失去了动静。它们死了。而那两只小鼠死后的姿势，竟然同死者的姿势如出一辙——如果有这么小型的“狼人”的话。

“它们……死得有点快，这是什么毒？”居毓哲有些惊愕，不知道是因为自己目睹了两只小白鼠的迅速死亡，还是因为毒物毒性的强烈。

“根据小白鼠表现出来的症状，显然这种毒药就是专门用来对付这种小动物的。”

“毒鼠强？”

“毒鼠强或者氟乙酰胺，这就是之后侦查的方向。”我说。

“我知道了。”居毓哲边从口袋里掏出电话，边摘掉口罩，冲出了实验区。可大概是又想起了什么，他折了回来，问我道：“所以死者那样奇怪的姿势，就是毒鼠强的中毒症状？”

“你也亲眼看到了，这两只小白鼠的姿态几乎同死者一样。”我用两只手撑在实验桌上，盯着仍旧蜷缩在角落的唯一幸存的那只小白鼠，心生怜悯，叹了口气，说道："尸体的面部颜色紫黑，嘴部有黑色的呕吐物流出并且有刺鼻的味道，我早就应该想到是中毒了，但当时完全被那奇怪的姿势与很多不合常理的尸体征象迷惑住了。尸体齿列咬住了舌，以及那看起来诡异的姿势，其实都是抽搐的表现，大概死者在临死之前，也经历了刚刚小白鼠那样的抽搐，只不过时间要更长一点。这种抽搐被称作'强直性、阵发性抽搐'。在常见毒物中，毒鼠强便能够造成这种典型的中毒症状。当然到底是不是毒鼠强我也只是猜测，理化检验才是金标准。"

居毓哲点了点头，又问道："我有一个地方不是很明白，你说是毒鼠强中毒的话，那死者鼻部周围的蕈样泡沫应该怎么解释？"

"这一点困扰了我很久，尸体周围连一滴水都没有，却出现了溺死的尸体表现，但这正是这具尸体有意思的地方。首先必须明确一点，蕈样泡沫的确是溺死重要的尸体表现之一，但并不是溺死的特征性表现，很多死亡都会有蕈样泡沫产生，如机械性窒息。而这起案件中的死者也有一个特殊之处——他患有风湿性心脏瓣膜病。风湿性心脏瓣膜病有一个非常常见又很严重的并发症——肺水肿，虽然毒鼠强中毒也会引发肺水肿，但解剖中我发现死者肺水肿的程度已经非常严重。所以，你们可以猜到形成蕈样泡沫的水是从哪里来的了吗？"我故意挑了挑眉，问他们。

"你是说是肺里面的水？"

"没错，这就是水的来源，是死者自己肺里的水导致了蕈样泡沫的产生，"我继续说道，"而这正是这起案件最误导人但同时也是最关键的地方。溺水之所以会产生蕈样泡沫，是因为溺水死亡有一个过程，人在溺水的过程中，仍有反复而强烈的呼吸运动，气体在气道内不停地冲击，与被吸进气管的液体混合，便形成了蕈样泡沫。也就是说，形成蕈样泡沫需要有一定的时间，这便说明死者并不是急死。所谓急死，就是在短时间内死亡，如勒、掐、捂，一般在五分钟之内便会死亡。在被勒或者被捂这个过程中，人很难产生呼吸运动，更不会产生蕈样泡沫了。所以，虽然死者有窒息的表现，但并不是被勒死或者捂死的。于是便可以推断死者的死亡必然有一个过程，并且在这段时间里，死者还可以自主呼吸，这样才有可能产生蕈样泡沫。

“而毒鼠强恰好符合这一点。毒鼠强在口服后会即刻出现中毒症状，但死亡往往多发生在中毒后半小时到三小时。在这段时间里，死者的肺水肿变得更加严重，伴随着强烈又急促的呼吸，气体与肺里的水不停混合，于是便产生了匪夷所思的蕈样泡沫。”

眼前两人的脸上露出似乎是在听天方夜谭的表情，我知道这一切的发生的确不可思议。

“对了，这具尸体具有迷惑性的不光只有蕈样泡沫，还有双眼眼睑的点状出血，这很容易让人把死因判断成机械性窒息——但的确，毒鼠强最终导致死亡的机制也是呼吸衰竭，这也算是一种窒息，不过是内源性的。所以毒鼠强中毒死亡的尸体也可以在球结膜和睑结膜检见点状出血。还有舌尖位置的几处破损，会让人误以为是掩捂口鼻造成的，但这其实是死者自己咬的。毒鼠强中毒导致的强制性、阵发性抽搐，与癫痫大发作特别像，所以死者才会咬舌头，这在尸体上也有所表现。这就是这具让人感到惊叹的尸体所能告诉我们的一切。”

我把所有让我感到困惑的环环相扣又不同寻常的尸体表现全都解释完，顿时如释重负，也不由得为此心生感叹。法医做久了，会看到千奇百怪的尸体，有些会让人着实摸不着头脑。但这些尸体征象都是弥足珍贵的证据，它们并不是无缘无故出现的，而是尸体想对你说的话，那是死者临死之前留下的最后的讯号，我心想。

根据我提供的线索，侦查人员迅速开始对全市范围内售卖鼠药的门店进行排查，并调取了近期卖出鼠药的店面门口的监控录像，很快便锁定了嫌疑人。

凶手是与死者保持了长时间姘居关系的那个女人。在发现死者的前一天上午，这个女人带了些菜来到死者家里——其中一样菜已经事先下好了毒鼠强。照往常一样，他们一起吃了饭。这个女人目睹了她的姘夫死亡的全过程，在确定他死了后，又将饭菜全部收拾好，伪装成自己没有到过他家的样子。

我之前就已经知道，这个女人与死者是“临时伴侣”的关系。在多年之前，两人保持这样的关系还相安无事，只不过死者在得了风湿性心脏瓣膜病后，身体一天不如一天。渐渐地，死者能干的活儿越来越少，开始入不敷出，生活很大程度上都要依赖这个女人。两人为此吵过不少架，女人也提出过分手，但死者不同意，甚至还扬言若是分手，便将两人的事情告诉女人的老公和孩子，让她名声扫地。真正让女人狠心痛下杀手的原因，是这个女人的老公最近打算到这个小城来打工。女人眼见绝不能再同死者保持这样的关系了，便再次提出了分手。死者仍旧不依不饶，还要挟说必须每个月给自己一些钱，不然就让全天下都知道这件丑事。女人终于做出了最坏的选择。

【法医说】损伤与疾病

乍一看，这似乎与前头的案子并没有多大的关联。的确如此，这只是借着案子中极为细微的一点引申出来的絮叨罢了。不过正如案子中所说的一样，无论是在活体还是尸体上，“损伤与疾病”是所有法医工作中无法回避的一个问题，也是法医工作中最困难、最让人头疼的问题。

我曾经解剖过这样一具尸体，死者是一名老年男性。说起来起因是一件非常微不足道的小事。死者有一块田，承包给别人种东西。最初几年，这块田一直种的是粮食。一年，承包田的人想改种葡萄。这件事被这个老人知道了，老人说什么也不同意。承包的人就奇怪了，既然你已经把田承包给我种了，你还管这么多干啥，依旧固执己见，要种葡萄，还把种葡萄要用的竹竿一捆一捆搬到了田里。老人看到了，便不让搬，还把竹竿全都扔到了河里。承包的人气不打一处来，两人你一言我一语，争吵逐渐激烈起来，最后老人拿了家里的拖把来，想把那人赶走。承包的人当然不愿善罢甘休，从地上捡了根竹竿也摆开了架势。

两人开始在田里扭打。老人毕竟年迈，劲头跟体力都落了下风，边打边退。其实承包田的那个人也并没有真打，就想拿着竹竿吓唬吓唬老人，只在老人的身上轻轻拍了几下。可是意外发生了。老人在退后的过程中，脚下没有站稳，一个趔趄便向后倒了下去。更加让人没有想到的是，老人的后颈部正好磕在了田垄上，老人一下子就昏死了过去。这一昏，老人就再也没有醒过来，虽然在医院抢救了个把礼拜，但最终还是死了。

如果这一摔摔的是一个年轻人，可能没啥问题，关键就在老人的颈椎原本就不好，有严重的退行性改变，颈椎的生理弯曲也没有了。这一摔，直接把颈椎给摔错位了，导致脊髓被截断，这是致命的损伤。

那么问题就来了，这件事该怎么处理。其实对于法医来说，这件事还算简单，因为在最终的死因上并不需要对死者原本的疾病多加讨论。无论原本的疾病如何，死因总是颈椎移位、脊髓截断没有错。难的是对这个承包田的人应该如何处理。他没想到老人的颈椎本就不好，这一摔直接把命给摔没了。所以严格意义上来讲，这不再是一个法医学的问题，而是一个法律上的问题。

撇开法律上的问题，我们还是回到法医学上面来，有时候，损伤与疾病之间的关系的确会让人头疼。其中最常见的，当数冠心病。

我曾经见到过一个女性死者，在生前也是与人发生了激烈的争吵，并且双方都有动手的行为。在打架过程中，这名女子被人用砖头砸到了脑袋，三个小时后女子死亡。对尸体的解剖发现，死者左额部有一处挫裂创，额骨骨折，打开颅骨后发现硬膜外有血肿，小脑扁桃体疝形成。同时，死者心脏的心外膜下有大量脂肪组织，左冠状动脉Ⅲ级粥样硬化，管腔显著狭窄，右冠状动脉Ⅱ级粥样硬化，管腔狭窄。这就是损伤与疾病在一具尸体上共同存在的典型案例。

如果把这两者分开来看，颅脑损伤可以单独引起死亡的发生，冠心病也完全可以单独引起死亡的发生，并且也存在明显的可能导致冠心病猝死的诱因。最终法医到底应该如何确定死亡原因呢？这太重要了，如果法医给出的意见是颅脑损伤致死，这就是一起命案，对方的最高刑罚可能是死刑；如果法医的意见是冠心病致死，这就是一次意外，对方可能都不用负刑事责任。并且，这两者在民事赔偿方面也大相径庭。有时候实在分不清，可能会采用折中的办法，即两者构成了联合死因，对死亡都起到了一定的作用。但这样的做法又会带来一个问题，到底是颅脑损伤起到的作用更大还是冠心病起到的作用更大，这又是极难判断的一件事。

这对法医来说是很大的考验，如果这样一个案子放在我的面前，我可能没有信心做得很完美。但这又是法医检验尸体的任务之一："法医病理学鉴定工作中，常会遇到受伤者同时患有某种疾病的情况，在鉴定时必须明确判断其损伤与疾病有无关系。若系二者联合构成死因，鉴定时需鉴别是损伤为主，还是疾病为主。如二者有因果关系，则要确定损伤为因，疾病为果；还是疾病是因，损伤为果。"在这样的描述里，不难看出损伤与疾病错综复杂的关系。碰到这样的案子时，法医也会格外谨慎，因为自己的判断往往会左右案件的方向，也会对司法过程产生莫大的影响。

闪电

事故发生在一个夏天雷雨交加的夜晚，在临郊的一家工厂，因为赶着出货，有几个工人还在加班。

已经临近十一点，车间里只剩下最后两个工人，他们需要对最后一批机械零件进行烘干处理。烘干有专门的烘干设备，那是一个有半人高的圆柱形金属容器，显得很笨重。工人只需要将零件放进去，容器便会像家用的洗衣机脱水桶一样对零件进行甩干，然后加热把未甩尽的水烘干。

又一批零件烘好了，小张站在烘干设备一旁，准备打开设备顶上圆形的门，将里边的零件拿出来。小张年初才来这家工厂打工，很多活计都还在学习中，所以工厂暂时先安排他做一些简单的工作，如给机床加工好的零件进行烘干，这几乎是一个没有技术含量的活儿。烘干设备的两边各放着几个箩筐，其中一边有好几个箩筐，里面放了不少零件，是已经烘干了的；另一边的箩筐少一些，里面的零件也不多。小张看了看，心里想着大概再干一次便可以收工下班了。

窗外的雨越下越大，不时传来震耳的雷声。另一个工人老谢已经在收拾工具，准备离开了，突然一声巨响传了过来。紧接着，老谢似乎听到了什么东西倒地的声音。他跑到小张干活儿的地方一看，竟然发现是小张倒在了地上！

“救命……”小张艰难地说道。然而仅仅说了这两个字，小张便再无言语。当老谢蹲下身查看时，小张似乎已经没有了呼吸。事实的确如此，虽然救护车及时赶到并将小张送到医院进行抢救，但小张还是不幸死亡。

我赶到现场时，雨依旧很大，轰鸣的雷声震耳欲聋。

“我感觉我听到的那一声巨响是打雷的声音。就是打雷的声音！那声雷之后，我转头就看见他已经躺在地上了，他肯定是被雷劈到了！”老谢对我们说道。

烘干设备放在车间的一个侧间中，侧间的面积不大，事发时只有小张在里头，而老谢正在大车间里收拾东西。小张死亡时所在的侧间并不是密闭的，只是用铝合金板与外头隔了起来，并且在靠近屋顶的地方，因为铝合金板长短不一，所以有些地方并没有完全与外头分隔开，此刻，雨水正时不时从空隙中落进来。侧间的地面上已经积了不少水，可以没过整个鞋底。为了走路时不踩到水，工人们在地上简单排列了几条宽木板。

在侧间的一面墙上，有一个电闸。这是一个漏电保护闸，此时正处于关闭的状态。从电闸出发，有一根破旧的电线延伸出来，通过架设在铝合金板上的电线槽，一直通到一个圆筒形的设备处，那便是小张死亡之前正在操作的烘干设备。设备此时已经关闭，表面的墨绿色显得沉重又肃穆。设备大概有半人高，在设备的顶部，是用于开合的门，通过门上一个水平的条形把手，可以将门打开或关上，我在门的把手上看到了一些血迹。我再三向厂里的负责人确认设备已经不通电后，打开了设备沉重的舱门，里面是已经烘干了的一些机械零件，我叫不上名字。

“这个闸你进来的时候是什么状态？”我指着墙上那个电闸问。

“我进来的时候就是这样的，关着的，我当时还确认过。”老谢说道。

突然，一道白色的亮光闪过我的眼角，紧接着，一声沉闷的雷声传了过来——猝不及防的雷电的确让人有些害怕。从铝合金外墙的空隙中，我看到急骤的雨滴掉落，打在铝合金板上发出“砰砰”的声音。

“是这样的声音？”我在雷声过后，向老谢问道。

“嗯，差不多，大概比这个还要响一点。”老谢有些犹豫，但还是对自己的判断表示肯定，当时自己听到的，肯定是一声巨雷。

我有些疑惑，想起刚刚在医院检查的尸体的情况。尸体因为倒在地面上，所以身上的衣物、布鞋等都已经湿透。在尸体的右手掌心，我看到有一条横贯掌心的伤口，呈两端窄中间宽的纺锤形。伤口灰白色，表皮已经剥离，但出血并不多。翻开剥离的表皮，里面的软组织有些地方呈焦黑色，伤口不深，仅累及真皮层。除此之外，尸体上没有其他损伤。

难道死者真的是被闪电击中死亡的？我觉得有些不可思议。按照现场的环境，死者生前工作的侧间不是全封闭的，加上铝合金的墙壁也可以导电，所以就算身处室内，也有可能会被雷电击中。但整体上来说，尸体被破坏的程度太轻了。

我曾经听说过一个故事。在法国的一个小镇上，有三名士兵站在一棵大树下躲避雷阵雨。过了一会儿雨停了，说来奇怪，这三名士兵竟然还站在那里，没有一点要离开的意思。这一幕被住在不远处的一个居民看到了，一开始他并没有在意。但又过了一会儿，他看到那三名士兵还是一动不动地站在原地，并且依旧保持着之前的姿势，顿时觉得有些奇怪。于是他走过去想看看是不是出了什么事。接下来，奇幻的一幕发生了，当他去触摸这三个人的身体的时候，三人竟然顷刻间倒地，化成了一堆灰烬！

虽然这个故事可能有夸张的成分，但也足以说明雷电的破坏性之强。雷电具有超高的电压与强大的电流，在被雷电击中的瞬间，人体会产生超高的温度，比殡仪馆里的火化炉的温度要高得多。被雷电击中的死亡只在一刹那间，在强大电流的冲击下，心脏或者神经中枢会直接麻痹，引发死亡。然而据老谢所说，小张在那声巨响之后还说了句“救命”，这种种迹象表明小张的死似乎不像是老谢所说的被雷劈中了。

难道是老谢在说谎？难道另有隐情？如果是老谢说了谎，那他说的谎似乎也太儿戏了，被雷击中这样极小概率的事件，一般人是不会用来做借口的。就是这个“儿戏”才显得老谢不太像是说谎，他可能真的听到了打雷声，又在雷声后紧接着目睹了小张的死亡，于是才将两者联系在一起。但根据尸体来判断，雷击死的可能性不大，那死者究竟是怎么死的呢？或许，还是得回到最原本的东西——现场与尸体。

如果是有经验的法医，在看到尸体右手掌心的损伤后便会了然于心，那是典型的电流损伤，在法医学中，这种损伤被称为电流斑。电流斑是电流的入口，典型的电流斑一般呈圆形或椭圆形，颜色灰白或者灰黄，坚硬、干燥，中央凹陷，周围稍隆起，边缘钝圆，类似火山口的形状。电流斑底部平坦或有裂隙，有时可附有灰烬和熔解的金属碎屑，有时可见到皮肤的炭化。电流斑可小似针头，也可大至直径数厘米或更大。

对于怀疑是电击死亡的尸体，电流斑有着非常重要的意义，它的用处之一，是可以反映导体与人体接触部分的形状。例如，用手握住电线的长轴，则电流斑呈线形，若接触电线的末端，电流斑则呈小圆形，而接触电插头时会形成成对的电流斑。

我脑海里闪现出小张手上的那个类似电流斑的损伤，又环顾四围，一次尸体与现场的碰撞将要发生。首先是电流斑的形成部位。死者的电流斑位于掌心，这个位置相对来说并不是一个暴露的位置，因为只要握拳，就能够轻易将掌心完全隐藏。而雷击最常见的入口是在颅脑，然后是体表一些暴露的位置，掌心绝对是不常见的一个部位。综合考虑各种因素，雷击的可能性微乎其微。其次是损伤的形态。死者右手的电流斑横贯掌心，形态呈长条纺锤形，说明导体与死者手掌接触的部分也是长条形状。所以，通过尸体可以得到以下推论：尸体的确是被电击死的，但并不是雷击；死者的手掌是电流的入口，并且与死者手掌接触的导体呈长条形。

什么时候会用到掌心呢？抓握的时候。所以，现在，是时候从尸体回到现场，并且大胆推测死者究竟为什么会触电死亡了。

在现场，我们需要找到一个长条形的东西，能够导电，并且是死者生前可能会主动去触碰的东西。恰好在现场有一个东西十分符合这些要求——烘干设备顶部舱门的把手。而把手上有一些血迹的残留，死者正是因为抓住了这个舱门的把手导致了触电。于是，我们便可以大致推断并还原出事发当时的情景，如果要给这个推断加上一个看起来更有噱头的词，那可以叫“现场重建”。

此时此刻，死者又重新回到了这里，他将在这里度过他在这个世界上最后的时光：

死者生前正在对一批机械零件进行烘干作业，用到的设备是一个专用的烘干器，这个烘干器放在一个老旧的小侧间里。侧间因为不是全封闭的，所以在这个雷雨交加的夜里落进了不少雨水，导致地面积水。虽然工人们已经在地面上铺了一些木板，但仍旧不可避免地会踩到水，加之死者今天穿的是布鞋，整双鞋想必已经湿透。

烘干器通过一些老旧的电线接到一侧墙壁的电闸上，以便能够通电，而需要让烘干器工作，电闸必然处于开启的状态。就在烘干器中的一批零件已经完成烘干之后，死者准备打开烘干器顶部的舱门，把零件取出。

然而，他没有想到的是，老旧的电路出现了漏电的情况，整个烘干器此时就是一个巨大的带电体。死者还是像往常一样，伸出右手，去抓住舱门的把手，想要把舱门打开。烘干器上巨大的电流此时一下找到了宣泄口，瞬间从死者的右手开始，传遍了全身。而在这个瞬间，具有漏电保护功能的电闸，从开启状态跳到了关闭状态，这也是另外一个当事人跑进事发地点时，看到电闸是关闭着的原因。

死者在那一瞬间感觉到了巨大的电流，麻木顿时传遍了全身。在那一瞬间，死者还残存了一丝意识，在倒地之后用最后一点力气喊了声“救命”，便失去了意识。

从这个推断来看，这就是一起线路老化、操作不当导致的意外事故。那么，此时还有最后一个问题需要解决——死者在死亡之前的那一声巨响究竟是什么？难道真的如老谢所说，是一声惊天巨雷吗？所有人都对这个问题持怀疑态度，这有些太凑巧了——似乎更像是玄幻小说里的桥段，落雷之时便是死亡之时。

这个问题困扰了我们一番，直到有人不经意间掀开了烘干器顶部的舱门，又因为没有拿稳，舱门“砰”的一声落回了原处，谜底才由此揭开。原来，这是死者意欲打开舱门时的一个连贯动作。死者抓住舱门把手的时候，顺势已经将舱门提到了半空中，此时因为电击，死者的手瞬间又离开了舱门，导致舱门自由落体自己盖了回去，加之舱门是沉重的金属，所以在下落时与舱体发生了猛烈的碰撞，发出了类似雷声的巨响。而老谢一直有些犹豫，在那种环境下，他唯一能够联想到的巨大的声音只有雷声。不过在听到这一声巨响之后，他也恍然大悟，原来自己听到的并不是雷声，而是舱门落下的声音。

就在舱门落下发出巨响的一瞬间，小张的身影从现场完全消散而去。他可以安心离开了，因为有人替他说出了他生命最后时刻的经历。

至此，这起非正常死亡事件在一次完美的现场重建之后被完美地解决。虽然只是一起意外事故，但通过尸体的征象以及现场的发现，整个事发经过得以重现。现场重建并不是电视剧里才会有的非常神秘的东西，几乎每一起案件，小到入室盗窃，大到杀人抢劫，都可以利用现场遗留的痕迹进行还原与重建。这起非正常死亡事件也仅仅涉及现场重建中的一小部分，通过法医与现场的结合，进行死亡原因的分析、致伤工具的推断、死亡方式的判断等。在一些凶案中，现场重建的任务还包括确定现场类型、推断作案人数、分析杀人过程、分析杀人动机、刻画犯罪嫌疑人等。有时候这并不是一件如探囊取物般容易的事，不过的确很有趣。

【法医说】法医的自我保护

我有一个同事，每次勘查尸体总是要戴上两层口罩：一层普通医用口罩，一层3M口罩。我知道3M口罩戴着很难受，连呼吸都不痛快，于是便问他为什么要戴。他告诉我，他曾经在勘查完一具密闭空间内的高腐尸体后得了吸入性肺炎，当时还查出了肺部小结节。他不知道结节是不是他之前检查尸体都不怎么戴口罩的原因引起的，但那次吸入性肺炎着实让他心慌了很久。自从那次之后，他每次检查尸体都会戴上两层口罩，检查腐败尸体会戴上防毒面具，为的就是尽量少吸入一点从尸体上散发出来的腐败气体。我听后，顿时觉得自己的肺好像也不是很舒服。

但说实话，就算是两层口罩有时候也无济于事，因为腐败气体的量实在是太大了，并且无孔不入。尸体腐败的初期，肠道内的腐败菌便会开始产生以硫化氢和氨气为主的腐败气体，并从口鼻及肛门排出，这就是尸臭。如果你恰巧有关于法医毒理的书，你会发现硫化氢与氨气作为两种重要的毒物，也被写进了里头。

在关于“硫化氢”这个章节的开头，便有这样一句话：“腐败尸体可产生大量 H_2S 气体。”之后又有介绍：“……急性 H_2S 中毒死亡率居急性化学物中毒死亡率的第 1—3 位。”这让我感到焦虑，因为几乎每一具尸体上或多或少都会有硫化氢产生，其中以腐败尸体为甚。人如果待在硫化氢的浓度保持在 $75mg/m^3$—$150mg/m^3$ 的空间内一到两个小时，便会出现眼及呼吸道刺激症状，如果浓度达到 $1000mg/m^3$，数秒即会出现急性中毒并引起死亡。法医作为现场勘查人员之一，勘查有尸体的现场是最平常的一件事，有些甚至是腐败尸体现场。此时此刻我想最重要的并不是勘查现场或者检验尸体，而是自我保护。

这是真真实实发生过的事情。我有个法医同仁曾经勘查过一个非正常死亡现场，现场位于一个密不透风的地下室，尸体也在那里，并且已经高度腐败。那个地下室不大，由于地下室没有办法通风，所以味道散不出去。据第一个处警的人讲，他刚走进地下室的门便感觉里头的味道非常浓，转头便走，里头到底是什么情况谁也不知道，因为没人敢进去。可总得有人进去，这个任务便落在了法医的身上。这是个极度凶险的环境，如果说追凶是看得见的敌人，那么这个现场就是一个无形的敌人——无形的敌人往往最可怕。虽然这名法医已经做了一些防护措施，但由于里头的有害气体浓度太高，这位同仁在里头待了一会儿，便感觉咽喉疼痛、头晕目眩、止不住地掉眼泪。勉强走出来的时候，虽然还有意识，但显然步态已经不稳，紧接着是呕吐，在去医院的路上逐渐晕厥，失去了意识。经过抢救，这位同仁脱离了危险，但大家都着实为他捏了一把汗。所以，在认清楚敌人的状况之前，千万不要贸然行动。

当然现场的危险远不仅此而已，如同前头的案子中提到的，“带电”的现场也非常危险。上面关于“闪电”的故事是我亲身经历过的一个案子，在刚刚发生电击事故的地方看现场的确需要非常谨慎。所以我们会再三确认所有的电闸已经关掉，以免再次发生事故。

但有时候确认也没有用，不管是粗心大意也好，惊魂未定也好，有的人总是无视我们的再三嘱咐。我的一名同事就经历过，他说他有一次出了一个带电的现场，差点回不来。他告诉我，那是一个盗窃高压电线的现场，现场有座铁桥，铁桥边是一个变电箱。因为被盗窃的一段电线正好在桥边，所以要勘查就必须走到桥上。在勘查之前，他再三询问电是否已经关闭，在几次都得到“已经关闭”的回答后，他开始往桥那边走去。意外就在瞬间发生了，不知道怎么回事，通到变电箱的那段电线突然从铁桥上迅速回缩，他只看到电线的断端打在铁桥上，沿着回缩的路径产生了一溜猛烈的电火花。在那一瞬间，他呆若木鸡，足足在原地立定了半分多钟，不敢挪动步子。要知道他走过去的目的，就是检查电线的断端是被什么工具剪断的，要是自己用手拿起电线，那将是什么样的结果！他不敢想，他说那一次，自己跟死神的距离只有一步之遥。

这些不安全的因素都是来自现场，但法医面对的不仅仅是这些，因为法医不光只出现场，还要负责进行人体损伤程度的鉴定，这里头可能存在的风险来自“人”。大家可能都听说过“医闹”，甚至有医生在自己的工作岗位上被害，这样的行为令人发指。但“医闹”

里头的“医”不仅仅是医院里的医生，也可以是法医。

我曾经做过一个小调查，找了一些在公安系统中不同岗位的同事，希望他们能够回忆一下自己从警生涯中，什么时候感觉离“死亡”最近。其中有一个是我的大学同学，自从毕业之后一直从事法医工作，他告诉了我一次曾被人持刀追砍的经历。事情的起因是他做的一个鉴定，鉴定意见对其中的一方当事人非常不利，于是这个当事人便拿着刀来到他工作的地方候着。下班的时候，我的这个同学跟往常一样走出单位的大门，没想到突然从边上跳出来一个人，举着刀就向他砍去。万幸的是，他做出了及时的反应，见有人举刀向自己冲过来，撒腿就跑。那个当事人依然穷追不舍，边追边叫嚣着“要砍死你”之类的话语。边上一同下班的几个人见状也赶紧冲了过去，一起将这个人制服了。他跟我讲述的这个经历也让我想起了一名法官被人在法院门口残忍杀害的事情，我没想到法医竟然也会面对同样的风险。不过回过头来想想，的确，只要你代表的是正义，总会有黑暗想要侵蚀你。

或许很多人看到这些，觉得我是在讲一个又一个的故事，但这些故事又是切切实实发生在我的周围的。以前，我也总以为法医这个职业不会面临太多的风险，但实际上，法医面临的风险并不少。我记得有一次，有上级来我这里检查法医的工作情况，他说的第一句话至今让我记忆犹新。他说：“我不关心你们一年的工作量有多少，我只想知道你们工作时相关的防护措施有没有跟上去。法医面对的风险不同于其他岗位，安全永远是第一位的，只有保证了自身的安全，才能干好工作。”这不是哗众取宠，而是对生命的敬畏与尊重。

家的恶魔

回忆

他回来了，我听到了他开门的声音。紧接着是钥匙扔在桌子上的声音，和他“踢踏”的走路声。我更加用力地抱紧了手中的毛绒娃娃，借着月光朝房门的门锁望去，担心自己刚刚是不是真的已经将它锁上了。大腿上的伤口还在隐隐作痛，我害怕今天又有新的伤出现在我的身上。小腹也有些坠痛，月经已经好久没来了，以前从来没有出现过这样的情况，我有些烦恼，不知道找谁去说这件难以启齿的事情。他回来的声音加重了我身上的这些疼痛，想起他那张狰狞的脸，我便感到一阵眩晕。我用手捂住嘴，强忍着自己想要呕吐的冲动。

可是外面似乎没有声音了，我竖起耳朵，想要听得更清楚，心里不停祈祷着他不要来敲我的门。果然没有声音了，我悬着的心慢慢放了下来，我猜想他可能回自己的房间睡觉去了。难道是前几天我的生日愿望实现了吗？那天晚上我向着窗外的月亮许下的愿望，是让我拥有能够隐身的超能力——是啊，要是我能够隐身该多好，那样他就永远都看不到我了。

我又想起了我的妈妈，她怎么还不回来？我等了她五年了，还是不见踪影，她到底去哪里了？我想要妈妈回来把我一起带走，无论她去哪里我都想要跟着她。可那天她突然消失了，甚至没有跟我说她要去哪里，也没有跟我说再见。当时我真的是对妈妈讨厌极了，很不开心。可现在想想，她肯定也是出了什么事情才没有来得及告别，否则我才不会轻易让她这样走掉跟我玩儿消失呢。

我想着想着，有些困了。我昨天没有睡好，腿上的伤太疼了，让我没有办法安然入睡。今天已经好了很多，我想睡了，这可能是一个难得可以睡个好觉的夜晚吧。那人大概已经睡了，很久没有听到门外的动静了，大概有二十几分钟了吧，今天他应该不会再来找我了。我的肩膀微微沉了下来，此刻我终于感到了一丝放松。

我的眼皮开始耷拉下来。我在心里对自己说，好好睡一觉吧，什么都不要再想了，黑暗的日子不知道什么时候才是尽头，但至少这个晚上可以属于我自己。我把胸前抱着的毛绒娃娃放在枕头上，然后自己也枕上枕头。很久没有这样安逸了，可以不在恐惧中睡去。我的眼皮越来越沉，直到眼前变得一片黑暗。在黑暗里，我似乎看到了有流星在天上飞，每一颗流星上似乎都在放着电影，我定睛看，上面竟正放映着我过去的经历。我驻足观看，那些都是快乐的经历啊，我沉醉在这样的流星雨中。有一颗流星飞到了我的身边，我站了上去。流星带着我飞了起来，飞到了那片流星雨中间。光影在我身边闪烁，我从没有这么开心，就像是在游乐场的孩子一般。可不知道怎么回事，突然之间，身边飞着的流星一颗颗全都掉到了地上，我踩着的这颗流星也在往下掉，我有一丝不安。我感到整个身体都失重了，张大嘴巴想大叫，但有一种力量在阻止我呼喊求救。最终，我的这颗流星也落到了地上，发出了沉闷的声响。

“嘭”的一声，我惊醒了，身体瞬间又坐直了起来。那是什么声音？我原本以为那是我梦里流星坠落的声音，可现在这声音像是从门外发出的。我变得睡意全无，眼睛再次望向房门。那好像是什么东西掉在地上的声音，那个东西大概有点重量，否则不会发出这么大的声音来。那个声音真的是门外传过来的吗？我怀疑是不是在我半梦半醒间听错了。有时候我会听到楼上的楼板发出“咚咚咚”的声音，会不会也是这个声音呢？但我不敢肯定，因为这个声音更像是从房门外自家的地板上发出的。我开始不安起来。

听到了熟悉的骂脏字的话，我全身的毛孔似乎都竖了起来，身体一下子变得僵硬，这是我无比熟悉又让我感到无比恐惧与憎恨的声音。我一动不敢动，我怕我发出一点点声音就会让他知道我在这里——可事实上他肯定知道我就在这里，谁让他是我的爸爸呢。但我甚至连自己的呼吸都战战兢兢地克制着，怕我的呼吸被他听到，怕我的呼吸搅乱这凝固的空气。

可我什么都做不了，除了继续竖起耳朵听外面是否还有动静。我多希望刚刚那个声响只是我的幻觉，但“踢踏”的走路声立刻击碎了我的希望，我的心顿时揪成了一团。那“踢踏”声越来越近，我感到恶魔正在靠近……

跳楼

“有人跳楼，现场去？”同事打电话给我的时候，我刚从被窝里爬起来，虽然早饭还没吃，但我竟然有一点庆幸，至少不是在我睡着的时候来电话。我应了一声，告诉妻子早饭不吃了，孩子一会儿上学送一下，便匆匆出了门。这样的事常有，有时候一觉醒来发现边上睡着的人不见了，妻子老以为我离家出走了。

我到达现场时，同事们都已经先一步到了。“人送到医院抢救去了。”同事对我说。

“行吧，那现场先勘查一下。几楼跳下来的？”我问。

“物业说是六楼，正好掉在下面的花圃里，是泥地，也正好有些植物缓冲一下，而且应该不是头先着地的，早上有居民发现的时候叫了物业过来一看，还有气，就马上送到医院去了。”

“跳楼的人什么身份？”

“小姑娘，十六岁。”

“怎么回事，家里人呢？”

“好像一直是跟爸爸一起生活的，妈妈几年前离家出走，后来就一直没有音讯。我们尝试联系她爸爸，暂时还没有联系上。刚刚上楼上看了，家里的大门锁着，已经叫了开锁匠，正在过来的路上。”

“还在读书吗？联系学校了没？”

“学校是联系上了，不过据她老师讲，几年前她得了抑郁症，后来病情比较严重，已经休学一年多了。”

又是抑郁症，我心里感到有些悲伤，这段时间看的抑郁症死亡的事件有点多。我走近中心现场，就是那个花圃，里头的花木有些被折断了，泥地被砸出了一个小坑。在小坑的边上，还有一个洋娃娃毛绒玩具。

“这是那个小姑娘的？”我指着那个毛绒玩具问。

“不知道，应该是吧，就在边上，看起来还挺干净的，不像是已经丢弃在这里很久的样子。”

“嗯，”坠落的地点并没有什么异常，我继续问道，“小姑娘情况怎么样？”

“刚刚联系了医院，还在抢救，医生说主要伤在了盆部，骨折比较严重，头部也有伤，脑出血，不过头部的问题应该不大。”

说话间，开锁匠已经赶到了，我们带着他一起上了六楼。我看了一下大门的情况，门锁完好，没有被侵入的迹象。同事将执法记录仪打开，对于开锁破门的情况，需要全程监控。

这锁是个奇妙的东西，要是锁上了，普通人拿它一点办法都没有。可是到了开锁匠手里，拿个小棒一样的工具，三下两下就给拾掇开了，大概也就十来秒钟。这开锁匠跟法医还挺像的，平时看起来没啥用，关键时刻还是靠得住，关键还都是手艺人。开锁匠把锁拆卸下来，拿给我们看，说这锁完好无损，没有被破坏过。我们把锁拍照固定后，放在一边。

在勘查完现场的足迹情况并建立进出的通道后，我也走了进去。

房间里弥漫着一丝淡淡的酒味，前一天晚上应该有人喝了不少酒，过了一夜还闻得出来。房子的布局比较简单，小户型，两室两厅一卫。进门后左手边是一张吃饭的桌子，桌子上除了一串钥匙没有别的东西，桌子的北侧是厨房。对着大门再往前应该是客厅，客厅中央摆了一张长沙发，沙发前是一张茶几，茶几有些歪，像是被人挪动过。两间卧室中近处的一间卧室门开着，里面有一张床、一个衣柜。房间里面很乱，衣服堆得到处都是，从衣服的款式来看，应该是一个男人的卧室，但里面没人。

稍远一点的卧室门虚掩着，这个卧室的酒味似乎更加浓郁一点，除了酒味，里面似乎还混杂着什么奇怪的味道。房间里的布置除了一张床、一个衣柜，还有一个书橱与一张书桌，书橱里面摆着一些教科书与课外读物，这个房间应该是那个小姑娘的。房间的床靠南墙放置，头东尾西，床与南墙之间有大约 30 厘米的缝隙，床上的一床被子杂乱地堆在这个缝隙之间。床的北侧墙边是衣柜，西侧墙边是书橱，南侧墙边是那张书桌。书桌上方有两扇开着的窗户，掀开的窗帘被窗外吹进来的风轻拂着，飘荡开来，很安静。很难想象就在不久之前，有个小姑娘从这里跃下，想要结束自己的生命。

整个房间看起来并没有什么异常，同事在书桌上发现了几枚足印，小姑娘跳楼的时候应该没有穿鞋，光着脚直接从窗户跳了下去。窗户的位置与楼下花圃的位置也相符，房间里也没有明显的争斗迹象，看起来，这应该是一起自杀事件。

在同事勘查书桌的时候，我再次打量起这间卧室来，我想感受这个小姑娘在纵身跳下之前，究竟怀着怎样的心情。我看到北墙的衣柜上贴着不少贴纸，有些已经有点陈旧了，看起来像是小时候贴的。衣柜的移门关着，我打开来，里头的衣服整理得很整齐，但如果是一个小姑娘的衣服，这个年纪的话，衣服显然有些少。我关上衣柜门，向左转身，看到西墙边的书橱。书橱的上半部分是玻璃门，有一格里头除了一些书，还摆着一张照片，是个三十来岁的女子，这应该是她几年前离家出走的妈妈吧。书橱里还放着一个芭比娃娃的八音盒，不知道小姑娘上次打开这个八音盒是什么时候。我向后转身，看到那张床。床单是玫红色的，如果相较于整间卧室来看，床单显得有些凌乱，不少地方都皱了起来。同样是玫红色的被子被堆在一侧，像一座小山一样。床北侧床沿边的地上扔着几张纸巾，揉成团，我捡起来，似乎闻到一种腥味。

我顿时感到这件事情似乎并没有想象的那么简单，连忙招呼在门外的另一个同事，叫他拿几个物证袋过来。

“怎么了？”正在一起勘查的同事问我。

“这些纸巾，应该擦拭过精液。”我说。

“什么？”同事也感到很震惊。在一个小姑娘的卧室里出现了擦过精液的纸巾，现在小姑娘还跳楼了，这件事情一下子变得蹊跷起来。

“最好通知领导吧，这件事就凭我们两个可能搞不定了。”我边说边继续环视着房间，房间里的氛围顿时变了，我甚至能闻到一点血腥的味道。

当我的视线转到床边的被子时，瞬间感到有一股电流经过了我的心脏，在枕头的一角，似乎露出了一把沾着血迹的刀。我再看看那条堆在墙边的被子，不祥的预感在我心里升起。我蹲下身，往床底下一看，有两条腿与一只胳膊从床与南墙的缝隙里垂到地上，已然没有了生气。

男尸

因为床尾与被子的掩盖，所以如果不注意，谁都不会想到像小山一样鼓着的被子下面竟然会有一具尸体。我的心脏已经跳到了嗓子眼儿，事态的发展让我始料未及。我盯着床与南墙之间那床玫红色的被子，它从头到脚将尸体完全掩盖住，只有蹲下来才能在床底看到两条腿与一只胳膊，还有地上残留的一小摊血迹。

我屏住呼吸，慢慢将被子从床尾部拉扯过来，那具尸体终于暴露在面前。死者是一名四十岁左右的男子，上身穿了一件浅蓝色的长袖 T 恤，下身赤裸。尸体上最引人注目的，是左侧脖子上的几处创口，从创口的大小来看，应该是用刀刺的。暗红色的血液沿着脖颈流下去，在地面上形成了那摊血迹。尸体的姿态看起来就像是被人踹下了床，正好卡在床与南墙的缝隙中。尸体的头部悬在床沿上，右脸与床沿贴着，所以正好暴露出左颈的伤口。尸体的胸腹部卡在缝隙中间，左手搭在身体上，右手与双脚垂下。一种最坏的情形在我脑海中出现：死者前一晚与小姑娘发生了性关系，而且很有可能是强行的，小姑娘在将死者杀死后畏罪跳楼自杀。但死者的身份让我生疑，四十岁左右的男子，难道……我似乎看到了一个家庭的悲剧，这起命案背后，或许还有更加让人触目惊心的故事。

在经过更加细致的现场勘查后，我马上投入了尸体的检验工作。在穿上解剖服之前，我接到了一个电话，说是经过医院的抢救，小姑娘暂时脱离了生命危险，现在已经转入重症监护室。我松了一口气，关于事情发生的经过，她大概是唯一知道真相的人。

尸体为男性，经过身份识别，的确是跳楼的小姑娘的父亲，在知道这个消息的时候，我感到一阵恶心。尸表检验的重点集中在尸体的左侧颈部，那里有五处刀伤，其中有两处刀伤比较浅，仅伤及浅层颈部肌肉，另外三处都比较深，其中有一处直接贯通了颈部，从左颈一直刺到了右颈，导致右颈部也有一处创口。从创口的形态来看，创口哆开得并不是很大，仅比刀刃的厚度稍大，两侧创角一侧锐一侧钝，完全可以由枕头底下的那把水果刀形成。说到那把刀，就是家里头用来削水果的普通小刀，如今那把刀无论是刀刃上还是刀柄上都沾着血迹，如果 DNA 可以证实血迹是死者的，在刀柄部位再做出小姑娘的 DNA 分型而没有其他人的分型，那也可以算作一个证明作案经过的间接证据。

我一边解剖一边猜测，事情的经过可能是这样的：死者在前一天夜里强暴了那个小姑娘，然后小姑娘恼羞成怒，趁死者睡着的时候将其刺死，之后自己再跳楼自杀。目前为止，这大概是最符合逻辑的一种猜想。但事情究竟如何，大概只有现在仍旧躺在 ICU 的那个小姑娘才知道。

对尸体颈部的检查结束之后，我进行了其他一些常规的尸表检验，奇怪的事情接踵而至。尸体的尸僵已经形成，但强度并不高，可以被轻易破坏，尸斑集中在尸体的右侧，这与尸体在现场的体位一致。尸体的口鼻腔明显还散发出一股酒味，看来前一天晚上喝了不少的人就是他。尸体头上的左颞部有轻微的头皮下出血，像是撞击硬物形成。尸体的双侧眼睑充血，有散在的出血点。尸体左肩部有小片的皮下出血，也可以由钝性外力形成。我还在尸体身上发现了一条明显的压痕，从左胸部一直延伸到右腹部。尸体的双手没有损伤，其他部位也没有损伤。

这具尸体有些奇怪，我心里嘀咕着。尸表检查结束后，我立即开始了解剖检验。先是开胸腹，胸腹腔内的器官都在位，并没有发现明显的损伤，只是在肺与心脏表面看到了一些出血点，气管里有一些白色泡沫样的液体，胃内容物是灰白色混浊的液体，有酒精味。

然后是开颅，左颞部的头皮的确有少量的皮下出血，但范围有限，面积也很小，颅骨与颅内都没有发现其他损伤，所以这一小块损伤并不能致死。

最后是最为关键的颈部解剖。我逐层分离颈部的皮肤与肌肉，颈部的损伤的确非常严重，颈部的肌肉不少都已经断裂，但与皮肤一样，颈部肌肉的回缩并不是特别明显。另外，左颈外静脉全部断裂，左颈总动脉部分断裂，最严重的那一处贯通创，更是直接将食管与气管割破。光颈部的这些损伤，的确足以致死。

但我关心的并不是这个，解剖的结果让我对这起案件更加感到好奇，甚至迫切想要与那个小姑娘见上一面。脱掉解剖服，我就赶紧打电话向居毓哲打听情况，他也是我的分管领导。

“小姑娘那边怎么样，去看过了吗？”我询问道。

“刚刚有些稳定，才醒，医生不让做笔录，所以只是简单问一下情况，她也只能点头摇头回答。”

“她怎么说？”

“问她是不是杀了人，她点了点头；问她杀的是不是自己的父亲，她点了点头；问她是不是用刀刺的，她点了点头；问她是不是被自己父亲强奸了，她点了点头；问她是不是畏罪所以跳楼，她没有回答。大概就是这些。”

“嗯，我知道了。”我在打听了这些情况后，又向居毓哲汇报了尸体检验的情况，并告诉了他我的一些想法。

“你确定吗？这可不是开玩笑的！”我知道他会这么问。

“确定，”我笃定地回答，但我关心的是另外的问题，“什么时候合适？我想去见见那个小姑娘。”

居毓哲有些迟疑：“你要去告诉她你的猜想？”

“并不是猜想，而是事实。”

“可是连小姑娘自己都承认杀人了！”居毓哲显然还是不相信。

“那就是连她自己也错了，甚至她自己到现在还没有意识到自己犯了错。的确很有可能，在那种境况下，犯下这样的错误并不是不会发生。活人会犯错误，但你要相信尸体，尸体不会。”我坚持己见。

对方叹了口气，说：“我先跟上头汇报一下，你等我消息。”

我知道这件事情并不会那么顺利。目前为止，所有的侦查都是以命案的方向在进行，在所有人看来，这是一起货真价实的命案，无论是杀人动机还是杀人过程，从现场及尸体上，还有小姑娘简短的叙述上，都能够相互印证。但我知道这是彻头彻尾的错误。我心里焦灼，可能还要请更多的专家来会诊，甚至是等显微病理结果出来才能下定论——我提取了颈部伤口的皮肤作为检材进行病理检验，而我知道病理检验的结果并不会与我的推断有差异。

果然，不久之后，居毓哲把我叫到了专案组的指挥部，让我亲自去说明情况。我到那里的时候，几乎所有人都在，他们正在讨论接下来的工作。

“史吉，坐吧，刚刚我听说了你的想法，你再详细说一下。”说话的是分管刑侦的副局长。

我在会议桌的桌尾坐下，深吸了一口气，说：“毋庸置疑，人并不是那个小姑娘杀的。”

罪行

我去医院见那个小姑娘是一个星期后的事，此时她已经从重症监护室转到了普通病房。关于案件，虽然离病理诊断出具鉴定意见还有一段时间，但经过几次专家会诊，大家也基本认同了我的观点。不过案件还是按照命案的标准来办理，要将这起案件办成一起铁案，对于证据链的要求非常高。

我到医院的时候，小姑娘在特护病房内，病房里只有她一个病人。病房门口坐着一个派出所的队员，里头也坐了一个，负责看护。我向他们表明了身份跟来意，示意他们是否能够暂时回避，他们两个便都走到了门口，将门虚掩，坐在那里。

小姑娘的两只手被手铐铐在病床的两边，防止她再做一些想不开的事情。她的小腹与盆部被包得严严实实，那些部位的损伤比较严重，但青少年的愈合能力显然比较强，否则一个多星期是绝对不可能就转到普通病房的。她的左手手腕上打着留置针，上头接着一根另一头连着吊瓶的塑料软管，软管里的盐水不紧不慢地向下滴着，然后从她手腕的静脉流向体内。小姑娘的神色不是很好，办案单位尚未把真实情况告诉她，所以她到现在大概还是对自己杀了亲生父亲这件事笃信不疑。空落落的眼神不知道在盯着什么看，就连我靠近她的病床坐下，她的眼神也未曾有一丝游移。我知道，她曾经遭遇过的事，是何等不幸。

我有些窘迫，不知该从何说起，心里打起鼓来，对当时自己主动请缨来跟小姑娘说明真实情况的想法产生了一丝质疑。

大概过了两三分钟，我开口道："你好，我是公安局的法医，你父亲的尸体，是由我负责检验的。"

我想看看小姑娘的反应，她只是稍微皱了皱眉头，轻声应了一下。我更加局促了，但我必须对她说明白，这关乎她以后的人生。

"你有没有在一些综艺节目上看到过这样的游戏，"我想了想，决定先说点别的东西，"就是节目组预先准备几个盒子，像是抽奖盒那种，在里面放上一些或者毛茸茸或者滑溜溜的东西，然后告诉参与游戏的嘉宾，这几个盒子只有一个里面放着某种活着的动物，其他的都是假的。接着便要求嘉宾选一个盒子只用手探进去摸，看里头到底是啥。有的人会很害怕，因为他们觉得自己摸到了活的那个，但其实他们摸到的只是仿制品，是假的。"

小姑娘的眼神露出了一丝疑惑，她显然不知道我想跟她说什么。

"有时候，就算是我们亲身经历的事情，由于一些特定的环境，或是先入为主的观念，这些亲身经历也可能是假的。"我说。

小姑娘转头向我，看了我一眼，发现我也正在看她，又立刻将视线闪躲开去。

"我想说的是关于你父亲的死，"我接着说，"这可能有些难以置信，但我想站在法医的角度告诉你一件事，你的父亲并不是你杀的，在你刺你的父亲之前，他其实已经死了。"

小姑娘显然是没有做好接收这样的信息的准备，眼神变得忽而震惊，忽而疑惑，忽而悲愤。她再次转头向我，这次她的眼神没有再闪躲，直盯着我："可是，我亲手用刀刺了他。"

"所以我才跟你说，就算是自己亲身经历的事情，也可能不是真的。就像是在看不见的盒子里抓东西，你以为自己抓到的是活生生的小动物，但其实你只是抓到了一个小玩具。”

我看着小姑娘，等她将我告诉她的这个信息慢慢消化。

“你是在说笑，还只是在安慰我？之前的警察都说我杀了人。”

“或许的确是想安慰你，但我说的也都是事实。接下来，我会告诉你就算是作为当事人的你也不知道的事情，你可要认真听哦，如果有不明白的地方，可以随时打断我。”我笑了笑，知道是时候解释她心里的疑惑了。

“我要告诉你的这些东西，都是从你父亲的尸体上得到的客观事实，其实在他颈部的刀刺伤形成之前，他已经死亡了。我在检验他颈部刀刺伤的时候，发现这几处伤口的生活反应并不明显。简单来说人在活着的时候受的伤才有生活反应，相反，尸体受的伤并不会有生活反应。”我停了停，确保她能够听懂关于生活反应的解释。

她盯着我，似乎在等我说下去。

“如果用刀刺伤活着的人的颈部会是怎样呢？颈部的皮肤有很强的弹性，如果刺伤颈部，那颈部的伤口一般会比较大，像是一个椭圆的形状，有些甚至会裂成一个圆。还有颈部的肌肉被割裂之后也会回弹，就像是用两只手拉紧的橡皮筋，断了之后会弹向手。但是你父亲的颈部伤口不一样，皮肤的伤口并不宽，是细细的一条，颈部肌肉也没有回弹，这些都是由于颈部的皮肤与肌肉在受伤时已经失去了活力，表明这些刺伤形成的时候这个人已经死亡了。”

她听得很认真，疑惑的表情略微有些缓和。

“还有一点，在你父亲的气管跟胃里，并没有发现血迹。一般来说，如果是活人被刺颈，人不会在短时间内死亡，这个时候人还有呼吸运动与吞咽反射，会将颈部大量的血液吸进气管，或者吞咽进胃里。而人在死亡之后，没有呼吸跟吞咽，气管跟胃里也就不会有血液。另外，你有没有发现，你在用刀刺了之后，你父亲颈部的出血并不是很多？”

“嗯……的确不是很多。”小姑娘低声说。

“我们在现场发现的血也不是很多，地面上只有一小摊血迹，但你父亲颈部的大血管已经断裂了，如果是活着的时候割断了颈部大血管，那流出来的血会非常多，有些甚至能够喷射到天花板上。这又是一点不符合生活反应的地方。所以综合以上这三点，我便猜想，颈部这几处伤口形成的时候，人已经死亡了。”

我不知道我有没有解释清楚，用询问的眼神看着小姑娘。小姑娘点了点头，过了一会儿，她依旧有些怯生生地问：“那他……是怎么死的？”

我知道她能够大概明白我的意思了，便说：“那天他喝了不少酒吧？”

“嗯。”小姑娘的眼神有些恐惧与难过，这显然是她不愿意想起的事情。

我赶紧又说道：“你父亲的真正死因是窒息。”

小姑娘又有些疑惑。

“我在现场刚看到这具尸体的时候就觉得尸体的姿势有些奇怪，但当时的注意力全在颈部的几个伤口上，后来想想，那样的姿势的确可以引起窒息。”我解释道：“尸体的位置处在床与墙壁的缝隙之间，我量过那个缝隙，宽 28 厘米，你父亲的胸口正好卡在了里面。我猜测他是因为喝多了酒所以滚落到了那里，对吧？”

“嗯，是的，他后来睡着了，我注意到他的时候，他就在那里了。”小姑娘轻声说。

我点点头，继续说：“但他的头还靠在床上，导致他的头部是向后仰的，就像是拼命向后抬头的样子，这叫作头部向背部的过度伸展。一是胸口卡在缝隙中，压迫胸部，使胸廓的呼吸运动严重受阻；二是头部的过度伸展，使呼吸道受阻，影响呼吸道的通畅。这两点联合作用，加上他严重醉酒，对自己所处的位置并不能进行及时的调整，最后便导致他窒息死亡。在他的尸体上，窒息死亡的表现非常明显。所以他真正的死因，并不是颈部被刺，而是窒息。”

在我说这些话的时候，我看到她的眼睛里泛起了泪水。我不知道她的眼泪里包含着怎样的情感，但我知道，我所做的一切是对她最好的安慰。

“还有什么不明白的吗？”过了一会儿，我问道。

“嗯，没有，谢谢你。”她的眼泪早已滑过了脸颊。

我并没有再问她那天晚上究竟发生了什么事情，这些我在笔录里都已经看过了，关于她长期受父亲的虐待，关于自己的病情，甚至是被强奸。

“对了，这个是你的吧？还给你。”我从书包里拿出从现场拾到的洋娃娃，递给她。

她的嘴角终于微微扬起了一丝微笑：“谢谢你。”

“一切都已经过去了，好好养病，然后努力做回你自己。”我微笑着，向她道别。

离开医院之前，我特意去了医生办公室，询问她的病情。

“情况都在好转，头部有硬膜下跟蛛网膜下腔的出血，不过相比前几天都已经在吸收了，盆骨的骨折比较严重，属于不稳定骨折，已经打了内固定，不过孩子恢复起来可能会好很多，子宫撕裂、膀胱撕裂也进行了修补，只是子宫内的胎儿没有保住。”

“什么！”我感到万分惊愕，我并不知道竟然还有这么一回事。我定了定神，问医生：“还没告诉她吧？”

“暂时没有跟她说。”

“嗯，先别说了。”我沉了沉肩膀，握紧了拳，有想要流泪的冲动。

【法医说】面对家庭暴力

前两年，我还负责给领养的孩子提取DNA的工作，这是领养一个孩子的必要手续。记得有一天，一个派出所的民警领着一个老人跟一个男孩过来。孩子大概五六岁的样子，怯生生地跟在老人身后。我以为老人是要领养这个孩子，来我这里拍照并帮忙提取孩子的DNA。

然而，民警的第一句话就把我吓着了：“法医，这个孩子身上有很多伤，麻烦帮忙看一下。”在详细询问之后我才知道，男孩的母亲去世得早，从小跟着自己的爷爷奶奶还有父亲一起生活。男孩的父亲脾气很差，经常没来由地打骂男孩。这次，是男孩的爷爷奶奶实在忍无可忍，报了警。

男孩的身上的确有很多伤，背上、手臂上、大腿上青一块紫一块，手上、膝盖上也有不少擦伤，有些伤已经结了痂。新伤旧伤交错在一起，看来孩子被打已经不是一次两次了。在整个验伤的过程中，男孩始终有些害怕，在给他身上受伤的地方贴标尺的时候，我甚至能够感觉到他的身体在颤抖。我有些心疼，更多的是悲愤与惊愕，为什么会有这样的父亲？竟对自己的骨肉拳脚相加！

拍好了照，我让男孩把衣服穿上。直到他们几个走出了我的办公室，我才意识到，男孩从走进办公室到离开，一句话也没有说。我想，不光是在我这里，就算是在派出所，男孩也不会说什么吧！受虐儿童不会也不敢诉说，这是大多数儿童被虐待案例的特点之一。

儿童被虐待案件很隐蔽，它们通常发生在家里，没有外人能够看到并作证。再加上儿童一般受制于施虐者，因为害怕而不敢将之诉与他人。这就导致儿童被虐待往往是一个长期的过程，几乎没有儿童在第一次被虐待后就会被及时发现。我接触过几例儿童被虐待的案件，在孩子身上都能够看到旧伤与新伤并存，其中有一起虐待儿童致死的案件，在孩子尸体上也能够看到不少陈旧性的损伤。

有时候，我觉得“家庭暴力”这个词离自己很远，因为这么多年，自己的家人们都能够和谐相处，虽然偶尔有矛盾或者摩擦，但肯定不可能上升到“暴力”的程度。有时候，我又觉得“家庭暴力”这个词离我很近，因为自己的工作，时不时就会碰到因为遭受家庭暴力受伤前来进行损伤检验的人。

能够来我这里验伤的，总体来说受的伤都已经比较严重了。而因为家庭暴力受了伤前来验伤的，会有多少呢？很少，一年大概不超过十个。这在一年七八百例的验伤总人数中，只占了很小一部分。这一直让我以为，家庭暴力这种事情，也许算是小概率事件吧，大多数人的家庭，都应该是和谐的。然而，一组数据却让我不得不重新调整原本的想法。我统计了某地半年多的家庭暴力事件，光是接到报警的数量，就有两百多起。

这只是被暴力一方鼓起勇气报警的数字，我想更多的被施暴者，选择了忍气吞声。大家回忆回忆，或许你曾经看到过大街上有人打架，却不曾目睹家庭暴力。这就是家庭暴力的特点——隐蔽性。所以，大概真实发生的家庭暴力的数量，可能会翻一番、翻两番。

再回到我开头所说的一个数字吧——“不超过十个”，也就是说，在几百起的家庭暴力事件里，要求法医验伤的仅仅只占了其中极小的一部分。是他们受的伤很轻微，不需要法医验伤吗？我想不是。大多数的人虽然选择了报警，但更多的是想要警察去震慑一下施暴者，让其能够收敛。而真正想要公安机关去处理施暴者的，寥寥无几。大家心里都是这样想的：好歹是一家人，能过去就过去吧，不要搞得满城风雨、尽人皆知。

我曾经听说过的一件事情很有代表性。说是一个母亲，常年遭受自己儿子的家庭暴力。对于她来说，那个她每天都要回的家，就像是地狱一般。在家里，她不敢说话，满面愁容，时刻担心着，不知道自己的儿子什么时候又心情不好，对自己拳脚相加。然而，只要这个老太太一出门，她就像完全换了一个人似的，满面春风、好不得意，只要有人问到她家里的情况，她都会说自己家里是如何如何好；有人问到她的儿子时，她总是赞扬自己的儿子是如何优秀、如何孝顺，就好像那个家是天堂一样。这个例子或许有些极端，但不正是当下许许多多正在遭受着家庭暴力的人的真实写照吗？

这个想法用一句俗语或许更加好理解——“家丑不可外扬”。被施暴者中的大多数都有这样的想法，他们在被施暴之后，选择了忍气吞声，不会向外界寻求帮助，更别说报警了。而报了警的，依旧是抱着“和平解决”的心态，根本不会去想真正地“惩戒”施暴者。这样的态度会导致施暴者的变本加厉。所以，有句话这样说：家暴，没有一次，也没有两次，要么是没有，要么是无数次。

我为这样的事情感到痛心，因为许多人正在遭受不幸，却没有勇气站出来保护自己。我曾经见到过被丈夫活生生打断七根肋骨的妻子，我也曾见到过满身瘀青、噤若寒蝉的孩子，他们都是受害者。而家庭暴力若是再发展下去，那便可能会造成凶案，要么是被施暴一方被活活打死，要么是物极必反，被施暴一方忍无可忍将施暴者杀害，这些都有活生生的案例。

所以，若是遭受了家庭暴力，真的没有必要忍耐，而是需要有更多的勇气站起来保护自己。但保护自己并不是剥夺对方的生命，就像前头故事里提到的那个小姑娘的想法一样，她的悲剧便是没有在最合适的时间站起来自我保护，而是长时间忍气吞声，到最后因为情绪的爆发而想要杀死自己的父亲。这种做法完全错误，没有任何人能够随意剥夺他人的生命，你不能用一种违法的行为来制止另外一种违法的行为。法律有不少途径来对被施暴者进行保护，它是被施暴者最强大的武器。

我时常因此感到痛心，但依旧希望每个家庭都是港湾，而不是如烈火燃烧着的地狱。

漂浮的冤魂

夜已经深了，河边的草丛中不时地传来蛐蛐儿与青蛙的合鸣，让这个炎热的夏夜变得格外聒噪，若是听久了，耳朵会不由自主生出高亢的轰鸣声。突然，不远处传来一阵窸窸窣窣的声音，像是有人踏在草地上发出的声响。一束大概是从手电筒里发出的光在四处扫射着，这光不是普通手电筒的亮黄色的光，而是幽幽的蓝光，显得有些诡异。这束光凌乱地移动着，最后停在了河面上——一个黑影出现在了河边。

黑影走近河道边缘，将手中拿着的一个板凳一样的东西放在地上。紧接着，黑影将背着的一个背包放下，打开，从里面拿出一根细长的东西，是一根鱼竿。黑影将手电筒绑在鱼竿上，然后在鱼钩上捻上鱼饵，甩出鱼线，便拿着鱼竿坐在了板凳上。

仲夏的晚上，在这样的河边野钓的人不少。放眼望去，河对岸也有好几束灯光照在河面上。

突然，一阵凄厉的喊声响彻夜空！紧接着，是一阵死寂般的沉静，连虫鸣声都突然之间消失。“死人啦！”声音再一次传来。

几处夜钓的灯光都同时晃动了起来，有些慌乱。

“怎么回事！”已经有人跑到了喊叫声发出的地方。

“你自己看。”那人显得有些失了魂魄。

众人举起了手电筒，朝着那人指的方向望去——只见河中竟然浮着一具白发黑脸的尸体！蓝色的光打在那尸体上，就像是从深渊爬出的狰狞的秽物，似乎下一秒，那尸体就会猛然睁开眼蹦出水面。

岸边已经有人匆忙离去，有人嘴里还骂着祖宗妄图以此驱散当晚的晦气，更多的人已经把早些时候钓到的鱼一股脑全部倒回了河里，生怕将它们身上的污浊带回家去。

我到达现场的时候，尸体已经被打捞上来了。

我打着强光手电，环视着现场的情况。尸体现在所在的位置是一条宽约五六米的河的一侧，这一侧的河岸边长满了野草，踏在草地上，我能感觉到有些长得高的野草钻进我的裤脚里，刺得我的小腿一阵酥痒。离这里最近的一户人家也有将近五十米远，我看见已经有人前去敲那户人家的门询问情况了。我把手电筒的光束照向河面，将视线转向前头，看到不时有一些小虫冲进我的手电筒发出的光束里，上下翻飞。河面的水流正由北向南缓缓地流动，不时还有水草漂过。

"是几个夜钓的人发现的，鱼钩正好钩在尸体的衣服上，钓鱼的那人拉近了一看，竟然是一具尸体。殡仪馆的人我已经打过电话了，正在来的路上。"我向身边的人了解了一下基本情况。

"嗯。"我回答。夜里的尸体，虽然周围没有围观的群众，但也没有立即进行现场检验的条件，一般都会拉到殡仪馆后再进行检验。

我蹲下身子，掀开盖在尸体身上的一块无纺布。死者是一位上了年纪的老人，头发已经有些花白了。尸体的脸上沾满了泥沙，看起来就像是戴着一副诡谲的面具，在夜里，整张脸都是黑色的。更准确地说，这具尸体看起来，整个头颅就像是泥塑的一样，根本看不到脸。尸体的上身穿了一件灰白色的 T 恤，下身是一条深蓝色的长裤。从露出的胳膊来看，死者有些瘦削，似乎有些营养不良。

“身份清楚吗？”我站起身，向身边的人问道。

“暂时还不清楚。”

的确，在这前不着村后不着店的地方，再加上水流的运动，也不知道死者是从哪里漂过来的。我的心里开始盘算，这个老人是如何进到水里的。我以前碰到过不少老人在河边干活儿然后失足掉进河里的，如果这位老人也是这样那就好办了。或者是自杀，那倒也并不需要花很大的精力。不过在尸体的身份查清楚之前，一切都无从说起，调查无从开展，而现场的情况也并不具有太大的价值。目前唯一可以依靠的只有法医了，毕竟我们现在唯一拥有的只有这具尸体。

“法医，能不能麻烦把死者脸上的泥沙擦一擦，我们拍个照做下人脸识别，看能不能查到死者的身份。”有人在询问我。

“等会儿呗，这黑灯瞎火的，拍也拍不清楚，一会儿到殡仪馆再拍不迟。”我拒绝了。夏日的燥热烦闷加上河岸边的乱草野虫，让我不想在这里动手。

我等着同事把现场的状态拍照固定好，便跟着运尸车一同前往殡仪馆。

就算是夏日，午夜的殡仪馆依旧显得有些阴冷，我穿戴完毕，拉开黑色的裹尸袋，开始检验尸体。

我迫不及待摸了摸尸体长裤两侧的口袋，希望里面有能够表明死者身份的物品，但里面没有东西。我心里咯噔了一下，这是我最不愿意看到的情形，一具无名尸体。我仔细检查了一遍衣物，没有破损，便将尸体周身的衣物全部剪掉，然后用毛巾将覆盖在尸体面部的泥沙拭去，一张瘦削的老人的脸呈现在我的眼前。老人的脸显得黝黑，布满了皱纹，花白的胡子从下巴长出来，嘴巴紧闭，无论生前发生了什么事情，它永远都不会再说话了。我将之前问询我想要拍照片做人脸识别的派出所民警叫到身边，然后用两只手掭开死者两只眼睛的眼睑，让派出所的民警拍摄了一张尸体面部的照片，希望他们能够通过这张照片找到尸源。接着，我开始按部就班地进行尸表的检验工作。

尸体身长 164 厘米，头顶部发长 0.5 厘米，赤足长 21 厘米。双眼睑内侧的结膜有些充血，有泡沫样的东西从双侧鼻腔溢出来，口腔里有泥沙和水草，我让同事赶紧将这些拍下来。

“这些泡沫是怎么回事？”同事问。

“这叫蕈样泡沫，是溺死的典型尸体征象。”我回答。

“左颧部 4 厘米 ×5.5 厘米皮肤擦伤。”我将标尺贴在死者左面部，示意同事将面部唯一的一处损伤拍下来。

“左手肘关节外侧，3.5 厘米 ×3.5 厘米皮肤擦伤。”除此之外，我没有在双上肢发现其他损伤，颈部、胸部、腹部亦都没有损伤。我悬着的心有些放下了，目前尸体上似乎没有看到什么致命性的损伤，面部及左肘关节的损伤都属于身体突出部位的损伤，这种损伤很容易由摔跌形成。如果死者是不小心跌进河里的，那很有可能会与河岸边的石头发生擦碰，从而产生这种损伤。我继续检查，尸体的双下肢前侧、足部也没有损伤，我松了口气。这样看来，死者的死因更像是溺水，只要能够排除掉他人形成的损伤，便没多大问题。

最后是尸体的背部。我很轻松就将尸体翻了过来。我一手扶着尸体的肩膀，一手扶着尸体的髂前上棘，让尸体保持侧卧的姿态，让同事将背部的照片拍好。

“怎么样？有伤吗？”我因为要扶着尸体，没有办法看到背面的情况。

“这个不知道是不是伤，小腿这里。”

我把头稍微向前凑了凑，朝同事指的地方看去，的确有一点损伤。为了看清楚小腿后侧的损伤，我干脆把尸体俯卧放倒。那是大概 5 厘米 ×5 厘米范围内的小点状的表皮剥脱，粗心的话很容易将这处不起眼的损伤错失。

可这并不是什么特别值得注意的地方，这种损伤在生活中非常常见，关键是，这么小的损伤并不足以致命。对损伤拍照固定后，我又把尸体翻回了正面。可是，我发现似乎哪里有些不对劲。再仔细一看，原来是尸体的左腿有些异常！我叫回正在走向警车的同事，因为我看到尸体的左腿呈现出了一种不正常的姿态——尸体的左小腿在中间的位置竟然产生了一个角度！

我知道这意味着什么，尸体的胫腓骨骨折了。原本尸体躺着的时候，我并没有发现异常，当尸体翻了个身又翻回来之后，骨折的地方便显现了出来。我有些奇怪这里怎么会骨折。

“那条河里平时有船开吗？”我向派出所的人问道。

“会有一些小型的船只，大船不开。”

“不对，这不像是船只的螺旋桨造成的损伤。”我自言自语。我突然想到之前的点状的表皮剥脱，也是在左小腿上的。如果是螺旋桨形成的损伤，不可能在表皮上形成这样的损伤。由于螺旋桨会产生巨大的作用力，再加上负压作用，螺旋桨形成的损伤往往呈切割状，创口会很大很深，有的甚至会直接将肢体离断，但绝对不可能产生点状的表皮剥脱。我排除了左下肢的骨折是由螺旋桨造成的可能。

我心里有些紧张，尸体其他部位都没有什么问题，偏偏在这里发现了一个疑惑，问题是我对这个损伤产生的原因一点头绪都没有。我又把尸体翻了过来，想再仔细看看小腿后侧的这处表皮剥脱，但它似乎根本不具有特异性。

“家属找到了！我们通过人脸比对找到了死者身份，然后跟他家里联系过了，那户人家的确是有一个老人走失了现在还没回去，家里人正急得到处找。所里已经通知他们赶来殡仪馆认尸了。”刚刚拍了人脸照片的民警急匆匆跑进来，跟我说。

听到家属找到的消息，我心里稍微平静了一些，家属找到了便可以开展一些调查工作，压力就不全然压在法医的身上了。我应了一声，开始考虑这具尸体上的这些损伤到底是如何形成的。

“喂，你怎么样了，好了没？大晚上的发什么愣，搞完回去睡觉了，这鬼地方，我可不想一直待在这里。”与我同来的人提醒我。

我没有回答他。

“你好了没啊？好了叫所里的等在这里就行了，家属反正一会儿就要来了，你不会还要等家属来吧？”他继续说道。

我应了一声，还是没有什么头绪，便回答说好了，准备回去吧。但我心里有些不安。

“嗯，那我去车上等你。”同伴说道。

“好的，我就来。”刚准备将身上的防护服脱掉，我似乎意识到了什么。

我拿起一把卷尺，量了量尸体小腿后侧的表皮损伤到脚跟的距离，40厘米。似乎有些眉目，有一个可怕的想法在我脑海中一闪而过。我又看了看尸体面部与左肘关节的擦伤，万一它们并不是跌进河里的时候与岸边的石头擦碰形成的呢？

我连忙跑向我们的车子，把同伴叫了下来，说：“我们可能都回不去了，这件事情有些问题，我怀疑是一起杀人案！”

“什么？命案？！”边上听到我话的人都有些惊讶。

“嗯，很有可能。”

“可是，你刚刚不是说这人是淹死的吗？”

“的确是淹死的没有疑问，鼻腔里的蕈样泡沫、口腔里的河沙水草，这些都可以说明死者在进入河水中的时候还是活着的。”

“等等，你是说有人扛着一个大活人，把他扔进了水里活活淹死？”周围的人似乎对我的话感到难以置信。

“嗯，没错，有人扛着死者，把他扔进了河里。”我回答。

家属不久之后便赶到了，陆陆续续来了七八个人。接下来最重要的是怎么与家属沟通。

果然，家属中有几个情绪瞬间便崩溃了，在尸体边上大哭起来。我从其中一个情绪尚平稳的家属口中了解到，死者当天早上出去买菜之后便一直没有回家，家里人已经急得焦头烂额了，没承想，再见的时候竟然已经阴阳两隔。老人平素身体一直还可以，虽然血压有点高，但上街买买菜之类的基本生活能力肯定没问题，平时家里还有一点田，种点蔬菜也是轻轻松松，当然更没有表露过什么轻生的想法。

不一会儿，值班领导也都到了殡仪馆，我向他们说明了尸检的情况，他们有些将信将疑，要知道，多一起命案对本地的平安建设会有非常不好的影响。

家属的情绪还是非常不稳定，我也向他们提出了一些疑点，提出可能要进行尸体解剖。听到“解剖”两个字，家属万万不同意，死者为大，再在死者身上动刀子，是万万不可的。我早料想到这样的情形，一时间，我们都有些不知道该如何收场。

领导把我叫到一边，询问我对此事有多大的把握。我说并没有多大的把握，只是小腿处的表皮剥脱与骨折有些可疑，我没有办法搞清楚这些损伤到底是怎么来的，现在有的只是一个想法，至于究竟是不是命案可不敢下结论。领导一听又有些犹豫了，为了一个法医的猜想去动一具家属不同意解剖的尸体，这事可不是很好办。

“这样吧，现在家属也不同意解剖，我最主要的就是想看看腿里边的骨折到底是怎么一回事，要不给尸体拍个片子吧！”我提议。

“拍个片子？什么片子？”

“简单一点的，X片就行了，去医院拍。”

“抬个死人去医院拍片子？”

“这已经是没有办法的办法了，既然不同意解剖，那至少看看这个骨折的情况，万一真的有问题，这可谁都担待不起！”我知道抬个死人去医院拍片子听起来有点惊悚，也没有这样的先例，但问题摆在这里就需要搞清楚。比起解剖，给尸体拍个片子相对来说已经是非常容易操作的了。

“医院那边就麻烦您去沟通一下了。”我说道。

领导思忖了一会儿，说：“好吧！你这小子，最好别出什么岔子！”

“嘿嘿！”我笑道。

相对于解剖，家属更容易接受拍片，虽然也迟疑了很久，但最终还是同意了。于是，一具尸体出现在了医院的放射科机房中。所幸是深夜，医院里没有什么人，否则不知道这该是一个怎样惊悚的场面。我看着眼前躺着的尸体，心里有些紧张。

X片有一个好处，就是出片很快，随拍随出，几乎不需要等待。拍完片子后不久，我便拿到了胶片。我举起胶片，朝着有光亮的地方，看了看骨折的位置。胫骨与腓骨的中段稍偏下一点的位置果然有骨折，已经完全断裂。在胫骨断裂的地方，似乎还有一个小小的梯形的骨折块。瞬间，我全身起满了鸡皮疙瘩。

“片子怎么样？”领导似乎是看到了我的表情，连忙问道。

“不太好。”

“什么不太好？你说清楚！”

“保住尸体，不要让家属动！死者是被人扔到河里去的。”

“你什么意思？你把一个大活人扔河里去试试！这人是傻吗，不会反抗吗？”

“的确，但是死者可能一点反抗的能力都没有。”

“你是说有人控制住了死者，再把他扔下去？可是死者身上一点其他伤也没有啊，怎么控制？再说，死者就是一个普普通通的农民，跟人无冤无仇的，谁费这个劲来杀死他？”

“并不需要用绳索之类的控制，我的意思是，死者当时可能是晕过去了。”

“晕过去了？你一次把话说完！你这拍的片子上到底拍出了些啥？”

“死者小腿上的胫骨与腓骨均在中段偏下的位置骨折，其中胫骨一侧还有一小块类似楔形的小骨块，这个小骨块是从胫骨上脱落下来的。我测量了一下骨折线的位置到足跟骨的位置，骨折的位置正好与体表皮肤损伤到足跟的位置一样，大约是 40 厘米。这种骨折形态，在法医学上称为楔形骨折。”我解释道。

“说重点。”领导有些气急败坏。

“楔形骨折不好理解，但它还有另外一个非常容易理解的名字，这种骨折加上死者小腿后侧轻微的表皮剥脱，非常典型，叫‘保险杠损伤’。这个保险杠，就是汽车前部的保险杠。”我说。

“保险杠损伤常见于车辆与人的直接撞击。在撞击后，人体下肢可形成表皮剥脱性撞痕、皮下出血、骨折，但有时皮肤表面的损伤由于长裤遮盖会不明显，这也是尸体表面看起来损伤非常轻微的原因。但小腿深处的胫骨与腓骨的骨折非常常见且比较严重。骨折的高度通常与保险杠的高度一致，通常的骨折体现为胫骨的楔形骨折。并且，还有一点非常重要。”我停了下来，举起手中的X片，用手指指着那一小块楔形的骨折块，继续说：“楔形骨折块的底边，就是这条长的，便是汽车撞击力的作用点，而楔形的尖端，便指向车辆的行驶方向。结合尸体小腿后侧的损伤，我推测汽车应该是从死者身后撞上死者的。”

“汽车驾驶员在撞上死者之后，发现死者躺在地上一动不动，以为对方已经死亡，便动了毁尸灭迹的念头。然而，汽车驾驶员并没有料到，死者当时只是晕过去了，要是及时送医院的话，最后顶多赔一点钱就可以把事情了结。不过，那人却做出了最坏的选择，将死者扔进了河中，最终导致死者溺亡。”我继续说。

“所以，你推测，这是一起由交通事故引起的杀人案？”

“是！”我回答。

领导似乎还是有些将信将疑：“你有几分把握？”

“百分之百。”我说。

“行，我知道了，家属的事情我摆平，尸体交给你，马上解剖。”

“好嘞！”我为此感到躁动不安，虽然可能又要通宵了，但能够看出这样一起隐案，心里的成就感油然而生。

“对了，”我朝领导提醒道，“接下去的侦查重点，就是老人买菜的路线，然后在这条路线上找监控看看能不能看到事发时的情况。还有，你们要找的那辆车，保险杠距离地面的高度大概是40

厘米，如果凶手还没有清理他的车，那保险杠上应该还会有碰撞的痕迹。”

【法医说】给尸体拍个CT

给尸体做影像学检查？大概大多数人都对此闻所未闻。大家只听说过一个人生病了，去医院检查拍个片子，明显只有活人才需要拍片啊，为什么还要给尸体拍片？就像是上述案子里提到的那样，虽然案子是虚构的，但给尸体做影像学检查确有其事，其中当然是有原因的。

当发生一起杀人案件时，警察们最关心的问题是什么？当然最关心赶紧抓到凶手，越快越好。怎么样能够体现这个“快”字呢？各个警种，无论你在干什么，全都立马上线，看视频、走访、现场勘查，同时进行，时刻汇总信息，分析研讨。没错，法医也是其中的一环。法医的任务是对接尸体，尸体上的损伤、遗留的各种蛛丝马迹，都需要通过尸表检验及解剖检验来一一寻找，最终明确损伤的方式、死亡的时间、死亡的原因、使用的凶器等。

然而，有一件事情是法医怎么也快不起来的，那就是对尸体的解剖检验。从打开胸腹腔检验脏器，到打开颅腔检验颅脑，最后还要仔仔细细打开颈部，情况坏一点的可能还要打开背部检验脊柱取脊髓，再加上四肢有重要损伤的也必须一一检验。这样一套下来，两名法医操作顺利的话也得三四个小时。三四个小时，这个时间可不短了，别的条线上可是能做不少事情了，所以很多时候嫌疑人在法医刚动手解剖时可能就已经落网了。

怎么样才能体现出法医的“快”呢？有一个好办法，那便是给尸体来一次影像学检查。法医解剖的目的，无非就是把人剖开来，看看里面有什么损伤。而拍片的目的与此大同小异，亦是看看人体内有什么损伤，与法医的目的不谋而合！不过，拍片可比法医解剖快多了，法医三四个小时才能做完的事情，拍个片子三四分钟就能搞定。片子拍好，哪里有骨折，哪里有积血都一目了然，大致的结论就可以出来了。法医再根据这个损伤进行初步的判断，那是真的很“快”！

以上只是第一点，给尸体拍片还有一个法医就算通过解剖也达不到的好处——三维重建。“欸？不对啊，你法医解剖的就是一个三维的尸体，干吗还要三维重建？”的确，法医在解剖时对尸体的直观感受是最强烈的，无论什么损伤都是看得最清晰的。法医在解剖时，会有人对法医的解剖进行拍照，而法医一旦解剖结束，能够看的就只有这些照片，三维一下变成了二维。虽然解剖时的记忆还在，但二维总归没有三维来得直观，有些损伤甚至在照片上的反映会与实际有所偏差。最好的例子就是颅骨。有时候，颅骨的骨折线会跨越整个颅骨，一张照片根本没有办法反映出整条骨折线，唯一的办法便是将骨折线分段，多拍几张照片。可是这样便没有办法直观地感受这条骨折线了。

此时影像学的优势便来了。例如CT，它的工作原理，就是把人横断地切成很多很多层面，形成影像。自然，拍完片之后通过数据操作，亦可以在电脑中将这些影像再整合在一起，“拼”成一个人。这样，便可以在电脑中模拟出一个数字3D人的模型，所有的损伤将会非常直观地在模型上体现出来。这就是影像学的另一大优势，不光法医看了一目了然，就算是做汇报也会变得轻松，连外行人也能够对损伤有更加直观的印象。

更重要的是，在社会层面上，给尸体做影像学检查也有利于缓解矛盾。就像上面的案子中提到的，在一起看起来不是那么像命案的非正常死亡事件中，公安机关要解剖尸体是需要征询家属的意见的。然而，大多数人都不愿意让自己的亲人在死后再这样“遭罪”。于是，给尸体做一次影像学检查，不失为一个好办法。一来，不需要在尸体上动刀子，而只需要做一次全身扫描，家属更容易接受；二来，不用解剖也能够知道尸体里头是否有损伤、是什么样的损伤，从而让法医能够得出比光看尸表更加全面的意见。一举两得。

所以在上面的案例中提到的给尸体做影像学检查并不是毫无依据，它的确有不少好处。那在实际法医工作中，给尸体做影像学检查的情况多不多呢？很遗憾，非常少，至少这么多年来，我在工作中还没有碰到过。

虽然给尸体做影像学检查有很多优势，但不能完全替代解剖。就像在医院看病有时候会漏诊一样，很多细微的损伤、病变也是只有通过解剖才能发现的，对于法医来说，还是解剖来得更加直观。另外，做影像学检查也只能够排除一部分的死因，很多需要做毒物检验、病理检验的内脏组织器官，都必须通过解剖来提取。这也是大多数公安法医部门并不配备影像学机器的原因之一。

不过，现在不少地方已经注意到了给尸体做影像学检查的重要性，有些地方也购买了 DR 机，虽然有时候比不上 CT，但时不时也能够派上大用场。也有越来越多的地方开始关注给尸体做 3D 建模，这大概也是未来法医发展的一个方向与趋势。当然，这些都替代不了手拿手术刀的法医，在这个职业里，最关键的永远是人，而不是机器。

上吊的妻子

时间已经过了中午，我趴在办公桌上听着音乐，昏昏欲睡。耳机里正在播放着零下 35 度乐队的《海拉尔》。每当听到这些带地名的歌，我总是想去那里走走看看，不亲临是断然体会不到歌曲想要表达的情感的。歌才放到一半，突然耳机里边传来了另外一首歌，是一首童谣。我很奇怪，难道是我无意中碰到耳机的切歌键了？没有啊，我明明趴着一动没动。童谣在我耳朵里唱了半天，我才迷迷糊糊意识到，这是我的手机铃声，是有人打电话给我了。再转念一想，今天是我值班。我看了看手机屏幕，知道不是什么好事。于是，十五分钟后，我出现在了某小区，这里的一间出租屋内发现了一具尸体。

出租屋分上下两层，租客是一对中年夫妻。这对夫妻在租房的一楼开了一家小超市，二楼则由他们做起居之用。

报警的是这对夫妻中的丈夫，死者是他的妻子。据死者丈夫反映，他早上吃完早饭后，便一直在底楼看店，而自己的妻子早上因为身体不舒服所以没有下楼帮忙，一直在楼上休息。大约中午十二点，死者的丈夫买了些午餐想拿上去给妻子吃，没想到妻子竟然在二楼上吊自杀了，于是赶紧报了警。丈夫的话可信度显然很高，因为一楼正好有一个监控，证实他今天一上午的确都在店内看店，仅在中午，也就是报案之前提着东西上了楼。

“你妻子在这之前有什么异常的表现吗？比如说透露过一些活着没意思想要轻生之类的话？”我向他询问道。

“异常的表现吗？好像也没有。”

“平时身体怎么样？”

“身体挺好的，就是大概半年之前因为被车撞了一下，右脚脚踝那里骨折了，在这边做完手术之后便回老家休养了。半个月前刚回到这里，不过总觉得她回到这里之后一直有点不开心，老说自己变成了一个瘸子，路都不会走了。”丈夫仔细回忆着这段时间发生的事情。

这句话引起了我的注意，我问：“她的脚现在恢复得怎么样？”

“不是特别好，自己走路是可以，但有些一瘸一拐，说右脚一直使不上力，所以很多时候就是一直待在楼上休息。”

照他这么说，那死者早上没有下楼倒也正常。我心里盘算着，死者是不是因为脚受伤后恢复得不好，所以心情低落想不开自杀了？我将杂念抛开，转身从小超市里头一侧的楼梯向二楼走去，痕迹组的同事已经先我一步上去了。

刚走上二楼，一具悬着的尸体便赫然出现在了我眼前，一根红色的带子显得格外醒目，从死者的脖子间穿过，然后向上延伸，连在了屋子天花板的一个钩子上——我扫视了一圈，这是这间屋子里唯一可以用来上吊的地方。不知道为什么，虽然看过很多尸体，但像这样悬挂着的尸体每次总能够带给我很强的视觉冲击力。我将注意力暂时从尸体上移开，观察起这个房间。这几乎已经成了我的习惯，虽然我是一个法医，但到达一个死亡现场，我最先关注的总是现场的情况，而不是尸体。

楼梯口位于房间的西北角落，从楼梯上二楼后，向右后方转，便可以将整个房间的情况尽收眼底。房间北侧是卫生间，卫生间里有一扇小窗户，小窗户外头便是楼房的外墙，痕迹组的同事已经检查过了，那里没有攀爬的痕迹。房间中央放着一张床，床头靠着东侧墙壁，与死者丈夫说的一样，在床头北侧的桌子上有一份没有吃过的炒饭，应该是先前死者丈夫买给死者的午饭。床对面的西墙有一个电视柜，上面放着一些生活零碎物件和一台电视机。不过奇怪的是，床与电视机并不是正对着的，如果躺在床上看电视，需要微微向右偏头。床的左侧，也就是房间的南墙边，有一个衣橱，床与衣橱之间的空隙显得有点小，甚至人没有办法站在这个空隙里拿衣橱里的衣物。衣橱边是一扇通往阳台的门，门是锁着的。此时，死者正悬挂在床与北侧墙壁之间的空间里，那里除了尸体与尸体脚下已经倾倒的一张凳子，空无一物。现场没有明显的打斗及翻动痕迹，并且除了阳台，通往二楼的出入口只有我刚刚走上来的楼梯，如果有人上下，必然会被一直坐在一楼的丈夫发现。

我走上来后不久，死者的丈夫也跟了上来。

“你还没把尸体放下来？”我问死者的丈夫，这是我走上二楼就产生的疑惑。

“我吓坏了，急着报警，而且我一个人也有点扛不动。”死者丈夫有些紧张地说。

我看看死者，身材的确比较丰腴，而我眼前的这个男人的确显得有些瘦弱。不过尸体没放下来也有好处，这样能够看到尸体最原始的状态，包括悬挂的位置、身体的姿态、绳索的位置和打结形态等，这些对于缢死尸体的勘查都非常重要。

在扫视了一圈现场后，我又把视线转回尸体。尸体上穿着一套粉色的睡衣，衣着完整，并不凌乱，脚上没有穿鞋袜，赤裸的双脚有些紫红，那是已经形成的尸斑。双脚与地面的距离并不大，脚指头几乎已经碰到了地面。绕在颈部的绳索是红色的，仔细看去像是背包上的一根背带。果然，靠床头的位置有一个红色的女式拎包，包上的背带是可以装卸的，装上去便可以斜挎背或者单肩背。

同事拿起卷尺，示意我帮下忙。我找了张凳子站了上去，将抽出的卷尺高高举了起来，尽量碰到房间的天花板。“楼层高 2.3 米，”同事说，“你看一下顶上那个钩子大概多长，看得到吗？”我踮起脚看了一下，说：“10 厘米。”这个钩子是铁质的，已经生了锈。很多老式的房屋的天花板上有这种铁钩，以便日后安装吊灯或者电扇用。我示意同事把相机递给我，红色带子的一端是一个卡扣，卡扣直接扣在了钩子上，悬下来的带子是单股的，我将其拍照固定。

我从凳子上跳下来，将凳子放到一边以免混淆，又回到尸体边，蹲下身将尸体底下倒下的凳子扶起来。这是一张普通的木质方凳，有些老旧，凳子上的油漆有些已经脱落了。痕迹组的同事拿着强光手电筒向凳板表面斜照过去，上面有两枚同样深浅的赤脚足印，尸体没有穿鞋袜，她上吊之前大概就是赤脚踩在凳子上的。痕迹组的同事将手电筒放在地上，拿出一把卷尺，准备测量凳子的高度。我起身前，瞄了一眼被手电筒照亮的瓷砖地面，在摆放凳子的位置的北侧不远处似乎有一根若隐若现的线条。

“凳子高 45 厘米。”同事对我说。他见我没反应，又说了一遍。

“哦哦。”我回过神来。

“你在想什么？”

“你说尸体难道是直接从床上跨到凳子上的？凳面上有赤脚脚印，为什么地面上没有？”

同事听了，似乎觉得有些道理，于是又测量了一下床沿到凳子的距离：“床沿比凳子只稍微高一点，距离只有 20 厘米，跨也是可以跨过去。”

我微微点了点头，可还是觉得似乎哪里不太对劲，便转头问死者的丈夫：“这张凳子，原来在什么地方？”

死者的丈夫有些支支吾吾，回答说：“应该就在这里吧，平时睡觉用来放放衣服。”

我不置可否，觉得应该轮到尸体了。

“先把尸体放下来，”我说，“叫几个弟兄一起来帮忙呗，我们两个似乎也没办法把她放下来。”死者的体型着实有点大，就算再加上死者的丈夫，我们三个也不可能顺利把她放下来。

等有人来帮忙了之后，我搬回之前用过的那张凳子，站上去将连接钩子的卡扣松开。经过一番努力，尸体终于被放了下来。死者的丈夫立刻踉跄着走近，脸上充满悲痛之情，呜咽起来。

就在这时，楼上突然跑进一对老夫妻，我皱了皱眉头，对现场保护人员没有认真履职表现出一丝不满，但听到这对老夫妻嘴里喊着“女儿”两字，转瞬又理解了。老夫妻眼里只有躺在地上已经没有了气息的女儿，我想拉住他们，但没有成功。房间里顿时响起了悲痛欲绝的哭喊声。死者的丈夫也走上前蹲下身，哭了起来。

我们没有制止他们，对于丧失了亲人的人来说，这是应该给他们的时间。我默默看着他们，同时尽量不让他们触摸尸体。

死者的父亲是第一个稍微能够平静下来的，于是我对他说：“你们节哀，先稳定一下你们的情绪，我们现在还需要对现场进行一些勘查工作。”我示意他搀扶起死者的母亲，她的情绪最不稳定。死者的父亲对我的话表示理解。

“你们的女儿最近有什么异常吗？”我轻声向死者的父亲询问道。

“异常？唉，自从生完孩子以后，我们就感觉到她的情绪一直有些低落，这次撞坏了脚之后，好像变得更严重了。”

我心里冒出“产后抑郁”四个字，我想起曾经看过的一位母亲，孩子才三个多月，因为产后抑郁跳楼自杀了。我心里有些不是滋味，说：“现在我们需要对尸体进行检查，检查的过程中我们会把尸体身上的衣物全部都剪掉，你们可以派一个代表在一旁看，检查的过程我们也会全部录像。你们有意见吗？”

“不行，不要看了！”这次发话的是死者的母亲，几乎声嘶力竭。

“这是我们公安机关处理死亡事件的程序，既然报警了那我们也必须把程序完成，希望你们能理解。”

“不能看，从来没有这样的道理！”死者的母亲并没有对我的话表示一丝认同。

死者的父亲用眼神对我表示了歉意，解释道：“在我们老家，像这样死得不好的人必须马上安葬，尸体也是不能随便触碰的，抬尸体的人都必须有法师祝福过才行。”

难怪我刚刚想着要制止他们触碰尸体，却发现他们并没有要触碰尸体的动作，我还为此感到奇怪。但我心里立刻为难起来，缢死的尸体按照规定来说是必须勘验的，这下的确是碰到了一个大难题。但他口中所说的这种风俗我倒也是第一次听说，看来各地都有不一样的风俗习惯。我一时无措，便叫处警民警过来，希望他能够做一下死者家属的工作。

然而解释工作进行得并不顺利，我心里焦急，有些无奈地望向躺在地上的尸体。尸体的颜面部青紫，显然是窒息死亡的尸体征象，在鼻尖的位置有一处小小的表皮剥脱。尸体的颈部环绕着那根红色的带子，但颈部大部分都被头发遮住了，只能隐约看到脖子后面也呈现紫红的颜色。尸体的双手微微举在身体前侧，双手握着拳。我心里有些不安。再看看正在争辩的老夫妻跟死者丈夫，他们似乎没有丝毫松口的意思。我感到万分纠结，一边是必须进行尸表勘验的程序规定，一边是坚决不肯让动尸体的死者家属。

我想了想，决定试试能不能采用折中的方式。我跟死者家属说：“程序这样规定，我们必须做，这一点希望你们可以理解。要不这样，死者的衣服我就不剪掉了，我就把面部、双手跟脖子这里稍微看一下，拍几张照片，你们看行不行。我们退一步，你们也退一步。”

老夫妻不说话，似乎在思考。我接着说：“我尽量快一点，要不然这样耗在这里也不是办法，还耽误你们办后事。我这边处理好之后没什么问题我们就走了，你们也能尽早料理后事。”

死者的父亲先松口，他点了点头，表示理解，又跟死者的母亲说了几句。终于，我可以初步看一下尸体了。按照非正常死亡尸表勘验的规范，我这样做是非常冒险的，所有的非正常死亡尸表检验，都必须将周身的衣物、首饰等全部去除。但这次事情着实有些特殊，如果双方都不肯让步，万一引发了家属的反抗情绪，那将很难收场。并且，对于缢死尸体，最重要的无疑是检验颈部，我几乎可以肯定尸体胸腹部没有开放性损伤，再加上我只是想印证一下心中的几点疑惑，不将衣物除去也无妨。

我让处警民警将死者的父母带离了现场，只留下死者丈夫一人。我用卷尺量了量尸体的身高，161 厘米，赤足长 21 厘米。接着，我将覆盖在死者颈部的乱发拂去，暴露出颈部，红色带子的全貌终于展现了出来。红色带子在颈部缠绕一圈后，另一端卡扣就扣在带子上，形成了一个闭合的环。这个卡扣的位置在右后颈部，由于卡扣的压迫，右后颈部形成了一个压痕。同样颈部一圈都有带子形成的压痕，压痕呈白色，并没有明显的皮下出血。在脖子后侧及背部有紫红色的尸斑，我用手指按了按尸斑，已经基本不褪色。我不露声色，在颈后部卡扣的位置做好标记后将卡扣打开，将带子从死者颈部解了下来。红色带子没有破损的地方，总长度 100 厘米、环周长 34 厘米。

将带子放进物证袋后，我掰了掰尸体的双手，尸僵很强，几乎无法将尸体握拳的五指分开。接着我拿起血管钳，翻开眼睑，尸体双眼的睑结膜都有明显的出血点，的确是机械性窒息所致。我又翻开死者的嘴唇，唇部内侧的口腔黏膜有两处小的皮下出血，下排牙齿的牙龈上也有一小片皮下出血，我心里已经有了大概的方向。但我还有一点不明白，尸体是如何被悬挂起来的。无意间，蹲着在帮我拍照的同事的手电筒光束照到了床底下，我似乎在那里的地面瞥见了一个熟悉的东西，心中顿时明了了。

我起身舒了口气，对死者的丈夫说："差不多了，就这样吧。对了，你最后一次与你的妻子说话是在什么时候？"我将语气放轻松，听起来就像是在与他拉家常。

"就今天早上起床的时候，我问她要不要吃早饭，她说她有些不舒服，想再躺会儿。"

"大概几点？"

"大概是早上七点多，我们一般就是在那个时间起床的。"死者的丈夫回答。

我没有再问下去，而是转过身准备下楼，楼上太危险，只有我和同事两个人，万一把他逼急了，要么攻击我们两个，要么跳楼，这些都不是最好的选择。我边下楼边对死者的丈夫说："你也下来吧，跟你岳父岳母商量一下接下来怎么处理。"我想先把他引到一楼，我们的兄弟都在那里，更容易把他控制住。

我走到楼下的时候，听到楼梯上有下楼的声音，心里有些紧张。我连忙来到处警民警身边，又叫过几个队员，轻声说："死者的丈夫马上下来，等他一下来就赶紧控制住他，他杀了他妻子。”处警民警有些迟疑，我已经在楼梯口看到了死者丈夫的双脚。

“来不及解释了，他快下来了，你们赶紧，这是一起命案！”我厉声说道。

我得感谢这位民警跟这些兄弟，他们在那一瞬间的选择是相信我。死者丈夫一走下楼梯，这些人便一拥而上，将其控制住了。我拦在死者父母的面前，阻止他们去帮忙，对他们说：“二位抱歉，现在我们怀疑你们的女儿是被人杀害的，希望你们能够配合我们的工作。”我看到他们脸上难以置信的表情，死者母亲在听到这些话的时候，瘫坐在了地上。

“你是什么时候发现不对劲的？”勘查现场的痕迹组同事问我。此刻死者的丈夫已经被带到了派出所接受审讯，死者的父母也已经被带离了现场，增援也都已经到了，我们可以心无旁骛地勘查这个命案现场了。

“早就发现了啊，一上楼就发现了。”我说。

“不可能，你是神仙吗？上楼你发现个鬼。”

“上楼的时候你没看到死者还在这里吊着吗？你就不觉得奇怪？你仔细想想你看过多少上吊现场？”

“很多。”

“有几个是我们到现场的时候人还吊着的？”

同事思索了一番，说：“貌似很少。”

“那就对了。那么多上吊案例，大部分在我们到达现场之后，尸体都已经被家人放下来了。这是一种人之常情，若是自己的家人，是怎么样都不会忍心看着他吊在那里而置之不顾的，哪怕是一秒钟。”

“可是你看尸体体型那么大，她老公说得没错啊，我们都要好几个壮汉一起才行。你别逗我，说认真的。”

我知道这样骗不过他，放下尸体只是大多数人的选择，但不能作为判断是不是命案的依据。我说：“好吧，是在看那张尸体底下的凳子时怀疑的。”

“那张凳子吗？我看到上头有死者的两个足印，上吊自杀一般都会找一张凳子站上去，而且上面有死者的足印，这有什么问题吗？”

“关键就是这两个足印。你没听死者丈夫说嘛，死者之前出了车祸右脚受伤了，到现在脚走路还不太行。你仔细看那两个足印，深浅完全一样，这合理吗？”我看到同事恍然大悟的样子，继续说，“就算是两只脚站在凳子上，也应该是左足印要深，右足印要浅。所以我就怀疑这个足印是凶手为了伪造死者上吊而制造的。不光如此，我甚至开始怀疑整个现场都是经过伪造的。”

“你还有什么发现？”

“可仅凭这一点不足以证明死者就是他杀，所以我才坚持要检查尸体，是他杀还是自杀，尸体才能给出答案。如果就死者丈夫一个人在那里还好，没想到半路杀出个程咬金，一定不让动尸体，可是把我急坏了。”

“难怪，我看你以前出非死现场，家属不同意看尸体你也就不看了，这个却这么坚持，就算衣服不脱掉也要看，这可是违反程序的做法。”

“没办法啊，心里有疑问，总不能放着不管吧，还好尸体给力，一些最基本的尸体表现就足够了。”我舒了口气，之前不让看尸体的那一幕的确让我担心，要是顺了家属的意思不检查尸体，那可能就会错过一个命案，放过一个凶手了。

“那尸体上你看出什么来了？我看你也检查得很潦草嘛，而且衣服也没剪掉，没什么可以检查的。”

“谁说我检查得潦草了，我可是认认真真在看呢。就说那个尸斑好了，我不是叫你拍照了嘛，脖子后面那个紫红色，那可是尸斑啊！”

“我知道，尸斑我见多了。”

“上吊尸体脖子后面怎么可能出现尸斑呢？这一点已经足够说明这具尸体曾经被人移动过。尸斑按照发展过程与形态特征大致可以分为三个时期，零到十二小时是沉降期尸斑，十二到二十四小时是扩散期尸斑，二十四小时以上是浸润期尸斑。其中，沉降期尸斑以六小时为界，又可以分为两个时期。六小时以内的尸斑，若改变尸体位置，则会在新的低下部位形成新的尸斑，原来的尸斑会逐渐消失，称为尸斑的转移；六到十二小时的尸斑，若改变尸体的位置，则新的低下部位会形成新的尸斑，而原来的尸斑不会消失，称为两侧性尸斑。十二小时以上的尸斑若改变体位也不易在新的低下部位形成尸斑或只形成浅淡的尸斑，原来的尸斑也不会消失。按照道理，脚跟脖子后面这两个部位很难同时处在低位，一般不会同时形成尸斑。处于悬挂位的尸体的尸斑应该集中在双踝部、双脚，但是尸体的颈部也出现了尸斑，这在悬挂位的尸体上是不可能发生的。所以死者在死亡之后，保持仰卧位这个姿势至少有六个小时，再被人悬挂起来，又在双脚形成了尸斑，这就是典型的两侧性尸斑。还有一点，是在死者的脖子处。那根红色的带子在颈部形成的压痕是白色的，右后颈部那个卡扣也有一个压痕，同样是白色的，两处压痕都没有明显的皮下出血，显然是死后形成的。”

“原来如此！专业！”同事似懂非懂地点点头。

我看了一眼仍旧躺在现场的尸体，她的两只手仍紧紧握着拳，似乎是要打向身前的某人，也似乎是在挣扎。我继续说：“还有一点就是这个尸僵，尸僵也是随着时间变化的，要发展到像这样非常强硬的尸僵，起码得六个小时。现在是几点？”

同事看了看手环，说：“一点半过了。”

“半个小时之前，我问死者的丈夫最后一次跟死者交流是什么时候，他说就在今天早上七点多，但无论是按照尸斑还是尸僵，那个时候的这个女人，是无论如何也不可能说话的。很明显他说谎了，他早上根本没有与妻子说过话，他不可能同一具尸体说话。”

“所以，就是他杀了他的妻子，”同事点了点头，又问道，“那他是怎么杀了她的？”

我知道他是在问凶手的杀人手段：“尸体颜面部青紫，双眼结膜有出血点，机械性窒息的可能性最大。在尸体的鼻尖部有一小块表皮剥脱，唇部内侧的口腔黏膜和下排牙齿的牙龈上也有小片皮下出血。有出血就能够说明死者的这几处地方在生前遭受过外力，我猜测是掩捂口鼻导致的窒息死亡。”

“用一种机械性窒息来掩盖另外一种机械性窒息，这对我们来说有点难度啊！”同事感叹。

“的确，同样是机械性窒息，很多尸体征象都会相同，有时候的确比较难判断。但毕竟是两种不同类型的机械性窒息，并且用于伪装的机械性窒息方式——上吊，是在死后实施的，这与生前上吊死亡在某些尸体的表现上必然也不会相同。只能说，在尸体上再厉害的伪装，也难逃法医的眼睛。虽然活人会说谎，但尸体永远不会说谎。”

“对了，还有一个疑问，一开始就说到了，死者丈夫的身材跟死者完全不是一个比例，那他是怎么把比他大好多的尸体挂起来的？凭他一个人应该扛不起这具尸体吧。”

“这个问题啊，我估计当时也把凶手难倒了，不过他还是想出了办法，他根本不用扛就能把尸体吊起来。”

“那他是怎么做到的？”

“你看看这个房间，有什么不合理的地方？”

同事环顾了一圈，视线最后停在了那张床上：“这个？”

“第一，你看床对面的电视机，床与电视机显然不在一条线上，谁家会这样，躺着看电视还要歪着头，多累啊。第二，床边上的衣柜与床之间的距离也太小了，这样怎么拿衣服？这也太不合理了吧！你再看床这边的位置，就是死者上吊的这里，空间很大又什么东西都没有，怎么看都应该把床再移过来点吧，这样床正好对着电视，又与衣柜之间拉开了距离，多舒服！”

“难怪总觉得有点怪怪的，现在这样的布局的确让人很难受。”

“你再看看尸体下方这里，是不是有条线？”

同事盯着我指的地方看了半天，还是摇了摇头：“不明显。”

“当然不明显。那你再看看里头。”我低下头，几乎快要贴到地面，用手指了指床底下。

“那条线明显了，线那边更干净，这边很多灰尘。”同事将手电筒照向床底，他看到了之前我无意中瞥到的那条熟悉的“线”。

“卧室的床底下如果不清理的话，一段时间就会积灰。想必死者丈夫在把床移动之后就发现了这一点，所以露出来的这条线被他清理过了，”我指了指尸体底下这条并不明显的线，说，“不过他还是太粗心了，床底下没露出来的那条却没有清理。”

“那他移床干什么？”

“因为用来上吊的那个钩子原本是在床上方的，那个钩子可是这个房间里唯一能够用来上吊的工具。如果不把床移开，他怎么伪造他的妻子‘上吊自杀’的假象呢？并且，如果你计算一下层高、红色带子的长度、死者的身高，你会发现如果床不移开，那死者上吊的姿态就是跪在床上的，这不符合绝大部分人的认知——跪着是不可能吊死的。”

“跪着当然也可以缢死，看来最终还是吃了没学问的亏，”同事摇了摇头，突然又想起什么，“那还是没有解释是怎么把尸体吊上去的疑问。”

“这个啊，刚刚不是说了嘛，要是床在原位的话，尸体就是跪在床上的姿势，所以根本不用扛啊，死者的丈夫只要让死者跪着，让上半身靠在自己身上就行。你看，楼层高 2.3 米，钩子长 10 厘米，红色带子悬挂的部分长 66 厘米，床高 50 厘米，这样一来，带子环与床的距离便是 104 厘米。一般来说，人体的头部占身高的八分之一，小腿占身高的四分之一，所以死者颈部与床的距离差不多是100厘米，恰好可以将环套进脖子，不费吹灰之力。但在床上跪着显然不行，所以死者的丈夫只能将床移开，让尸体变成悬挂状态，让其能够顺利‘吊死’。你说他聪明吧也挺聪明的，知道伪造现场，还主动报警让自己的嫌疑变小。不过聪明反被聪明误，他不知道现场变动得越多，留下的证据也会越多。而且他太小看法医了，这可是个能让不会说话的尸体开口说话的职业，他又怎么会逃脱得了呢！”

说话间，殡仪馆的运尸车也到达了现场。我看着尸体被抬到了运尸车上，知道在现场的任务已经告一段落了。下一步，解剖。

【法医说】法医与民风民俗的碰撞

前头讲到的那个案子，是我根据一个真实案例改编而来的。但是其中关于家属出于风俗的原因拒绝法医进行尸体检验的桥段，是我根据现实工作做的几乎一样的描写。而法医与民风民俗的矛盾，几乎成为法医检验非正常死亡尸体主要的阻力来源之一。

我记得有一次，我跟同事前往一个非正常死亡的现场，是一个农家，死者是一名年纪尚小的女孩子，家属报案说的是跳楼。与家属沟通的过程并不顺利，按照规定，跳楼尸体必须进行尸表检验，而进行尸表检验就必须将尸体的衣物全部去除。家属不同意，他们表示看可以，脸上头上看看就行，衣服脱掉绝对不允许。当时处警单位已经离开了现场，只有我跟同事还有一个队员三个人在。我们费了很多口舌，没有用。到最后，估计是家属看我们一直在那里喋喋不休，便开始对我们破口大骂，甚至有个人从家里拿了一把铁锹冲了出来，要打我们。无奈，我们只能落荒而逃。

撇开处置此次非正常死亡事件中一些不规范的流程，我其实能够理解家属。这是非正常死亡事件中常见的一种情况，家属报警的唯一目的是让当地派出所开具死亡证明，以便能够到殡仪馆火化。然而派出所接到这样的报警，都会通知法医前往。有时候家属看到有法医去还会觉得很奇怪，要法医来干吗，有些会觉得很不开心甚至恼怒。法医是不受他们欢迎的人。所以我能够理解家属拿着铁锹边追边骂的行为。上面这个案例里家属格外激动的另一个原因，是我们到达现场的时候，家属已经给死者净了身，也换好了寿衣。当听到我们说要脱掉寿衣检查尸体，他们断然不会同意，甚至会觉得我们这样的做法是折辱了他们全家。在很多地方，穿好了寿衣便绝对不允许再脱掉，这就是所谓的风俗，也是规矩。

这里提到了“净身”，意思就是给死者擦干净身体，这大概是法医在工作中最容易发生矛盾的地方。一般亲人去世之后，家属首先会做的事情就是给逝者净身。我工作的地方属于水乡，河道众多，所以溺死尸体也不少。很多溺死尸体在被打捞上来之后，家属第一时间便会帮死者脱掉潮湿的衣服，然后将死者身体擦干净。然而法医绝对不会允许家属这样做，因为许多原本可能存在的线索、证据、征象都会在净身的过程中被破坏。家属要擦身，法医不让擦身，这就是矛盾所在。

不同的地方还有着不同的风俗，我的确碰到过像前头案子里说到的那种风俗。那起非正常死亡事件让人捏了一把冷汗，死者由于股动脉破裂死亡。医院报的警，当时已经抢救无效宣布死亡。没想到家属的动作格外迅速，还没等民警到达现场，就已经运着尸体回外地老家去了。于是，我碰上了难得的出差机会，不过这个出差不是去追犯人，而是去追尸体。

死者的老家是在一个山村，到了那里才知道什么是九曲十八弯，没有熟悉当地地形的人带路绝对不可能找得到地方。所以等到第二天我们找到死者家，死者已经入土为安了。再挖出来验尸？我们四个人，对方几十个人，还是在别人家地盘上，就算是说也不可能说得过人家。我们只能给死者的家属一一做了笔录。死者的家里人告诉我，死者的这种情况叫“横死他乡”，按照他们当地的风俗，必须马上埋葬，就算是家门也进不了，所以他们连夜将尸体运了回去，连夜就埋了，一刻也没多耽搁。他们压根儿就没有想到还有法医验尸这个说法。

我因为此事担心了很久，没有看到尸体始终让我惴惴不安。按照死者同事跟家属的说法，死者是自杀，而他选择自杀的方式偏偏是非常不常见的刺大腿，然后把股动脉给刺破了。我没见过这样自杀的人，只见过被别人刺到股动脉的案例，所以心里担忧。所幸最后调查出来，死者曾经向人袒露过自杀的念头，原因是网络贷款欠了很多钱，不想再连累自己的父母，所以被迫走上绝路。死者的家属对死亡原因也没有什么疑问，也算可以了结了这件事情。

“家属对死亡原因有没有疑问”，这几乎成为很多非正常死亡是否需要进行尸体勘验的标准。的确，对一起没有多少疑点的非正常死亡事件，检验尸体最先需要的就是家属的同意，因为我们必须尊重这些风俗，死者家属觉得这些风俗都是头等大事，是必须遵从、不可违抗的。这也不能算是迷信，更合适的理解应该是死者家属心中对死者的一种念想。所以，很多家属会因为风俗方面的顾虑而拒绝法医进行尸体检验，他们会表示自己对亲人的死没有任何疑惑，不需要尸体检验。然而家属没有疑问就行了吗？或许其他旁观者还会有疑问呢！

我曾经经历过的一起凶杀案，就发生在家人之间。妻子将丈夫毒杀后，村委会报了警。死者的父母已经亡故，家里只剩妻子还有两个孩子。妻子对丈夫的死没有异议，不要求尸体检验，只想赶紧办后事把人烧了。很多非正常死亡事件如果家属没有异议，不要求尸检，法医也不会非要尸检，事情就这样过去了。然而此时死者家邻居却反映了一个问题，说经常会听到死者家里争吵、摔东西的声音，所有人的神经都紧张了起来。最后，尸体被强制检查，妻子毒杀丈夫的事情也暴露了。

这绝对是最大的风险——家属反而是行凶的那个人。这种情况多不多呢？我可以说的是，我经历过的凶案，绝大多数都发生在熟人之间，而家人作案又占到其中不小的比例。所以，除非排除了所有疑点，否则还是需要谨小慎微，就算是家属一万个不同意，尸体检验还是必不可少的。

的确，更多时候是家属对法医检验尸体的不理解，觉得这个程序完全就是多余的，他们更在意的是那些丧葬的“规矩”。但法医在意的是死亡是不是另有隐情，有些隐情甚至可能家属都不知道，若是法医因为怕坏了“规矩”就做出退让，就错过了。所以两方的出发点不同，必然就会引发矛盾。我经常会耐心地跟家属解释，大多数家属都会表示理解，像上面那样极端的情况还是比较少见的。虽然我们的工作对象是尸体，但在这方面也少不了跟群众的沟通，如何做好群众工作，也是我们应该学习的功课。

失落的少女

岸边整齐地摆放着她的遗物——一件外套、一双鞋与一部手机。那是一双 34 码的阿迪达斯帆布鞋，让人奇怪的是，帆布鞋的鞋带被抽了出来，不见了。帆布鞋的一边是一件叠好的白色外套，外套上压着一部白色的苹果手机。手机套着一个粉色的手机壳，手机壳的背面还贴着一些少女喜欢的星星、月亮图案的贴纸。这些东西摆放得井然有序，我甚至能够看到曾有人站在这里认真整理它们的情形。

这些东西都属于一个十五岁的初三女孩。而现在，这个女孩便漂浮在离岸边不远的河水里。周围的一切显得异常安静，只有水警的船与水面碰撞的声音。我伫立岸边，脑海中不禁浮现——大概几个小时前也是这样的情景吧，周围的一切都是那么安静，女孩只听到自己的身体与水面碰撞的声音。到最后，连水面也归于平静。

站在岸上远远地看了一眼尸体，我隐约看到尸体的脚上有被捆绑的痕迹。尸体面朝下，我无法看到手部的情况，但微微浸没在河水中的双脚脚踝上，似乎绑着什么东西——难怪周围的人都一言不发，气氛有些凝重。待尸体被打捞上岸，双手的状态也显露出来，尸体不光双脚被捆绑了起来，连双手也被绳索缠绕住——这个少女的死亡方式像是极速的子弹击中了所有人的心脏，我感觉到所有人的呼吸都已经停止了。

我看了看现场周围，虽然这里不是闹市区，但陆陆续续已经开始有群众在围观了。我曾经经历过一起命案，死者的头被榔头击打，然而坊间却在传死者的头整个被割了下来。这正是我们需要避免出现的情形，但这也督促公安部门及时调查出真相，并进行准确、可靠的情况通报，以阻止谣言的传播。

现场勘验尸体是不可能的，于是，在对尸体的原始状态进行简单的拍照后，我连忙用塑料袋将尸体的双手双脚包起来，联系殡仪馆，将尸体运走。我看着远去的运尸车，心起波澜：你是怎么死去的呢？是遭遇了毒手，还是另有隐情呢？不管如何，我将揭开你的死亡之谜。

当站在解剖台前，看着躺在解剖台上的女孩尸体时，我的心又立刻平静了下来。再没有比此刻更加安静的时刻。但这并不是死寂，而是一次生与死的碰撞，尘世间所有的嘈杂瞬间变得寂静，与我无关。沉下心来，做她死亡最后的聆听者，这是作为法医的职责。

死者上身穿了一件线衫、一件内衣，岸边那件白色的外套应该是她的；下身穿着一条蓝色牛仔长裤、一条内裤。死者的衣物穿着完整，没有撕裂与破口。当然，更加值得关注的是被捆绑的手脚。我仔细观察着已经被河水湿透的绑于手脚之上的绳索，白色，绳索的两头有塑料绳花。我想起岸边那双没有鞋带的鞋子，明白这两条绳索便是从鞋子上抽出来的鞋带。

尸体被绑住的双手置于身前，绑着双手的鞋带显得有些松，并没有将双手完全绑牢固，但双手若是想要挣脱也并不容易。鞋带呈“8”字形缠绕，在左右两手的手腕都绕了两圈后，再在双手中间的位置将鞋带的两头系成一个死结。我大致能够想象绑手的方式：先在一手的手腕缠绕一圈，再在另一手的手腕缠绕一圈，如此重复一次后，在两手之间打结。

相比于手部，双脚踝处的绳索要系得更加牢固一点，双脚几乎没有可以移动的余地。绳索缠绕的方式也更加复杂。首先在双脚踝处用“O”字形绕圈绑两圈后，又在双脚踝之间纵向缠绕了两圈，目的是系住原本分离的前后两束鞋带。最后，鞋带的两头在双脚踝之间系成一个死结。所以，最后双脚处的绳索图案也是类似一个“8”字形。

在将鞋带的缠绕方式及打结的情况拍照固定后，我剪下了尸体双手与双脚的鞋带。相较于双手手腕部，双脚踝处的皮下出血显得更为严重，甚至还有些许的擦伤，这与两处绳结的松紧程度一致。这两处的损伤也说明了鞋带是在死者生前被绑在手脚之上的。为什么要在双手双脚都绑上绳子？是为了控制死者吗？我感到有些疑惑。

接下来是尸表的检查与尸体的解剖。对尸体表面的检查，除了手脚处的皮下出血，并没有发现其他的外伤。翻开两只眼睛，可以看到球睑结合膜有大量的出血点；在尸体的鼻部，不停有蕈样泡沫溢出；口唇紫绀，在尸体的口腔里还有一些水草。

当然还有最重要的一点，无论是谁都会很关注，也是检验女性尸体所特有的，便是检查外生殖器。而在此案中需要更加细致一些，除了检查生殖器，还需要检查处女膜是否完整，这是死者是否遭到性侵的重要依据。所幸，尸体的腹股沟、肛周等皮肤都完好无损，外生殖器也没有损伤，处女膜亦是完整的。但未见损伤并不能完全说明死者没有遭遇过性侵，所以，接下来的工作是对尸体表面相关检材的提取，并对这些检材进行 DNA 检验。两天之后，DNA 室的实验结果告诉我，所有检材均未检出男性 DNA 的成分。

在解剖中，我发现死者气管内同样有大量的泡沫，甚至还有一些小的水草叶子。两侧胸腔内有少量的淡红色液体，总量大约 100 毫升。尸体的肺部明显增大，瘀血肿胀，我用手指轻轻捻了捻肺脏，有明显的捻发感，按压肺组织亦产生了明显的凹陷。用解剖刀划开肺组织，有泡沫状混杂着血色的液体溢出。我又剪开了心包，在心脏的表面，我看到少量的散在针尖大小的出血点。除此之外，颅脑及胸腹部的器官均没有发现损伤。

在我解剖尸体的时候，现场勘查的同事传来了消息，在提取的岸边的白色外套的口袋里发现了一份遗书。遗书是这样写的：

“很难受，现在所有人都在好好学习，只有我为这种事情挣扎。有点累，我跟 G 再也回不到从前了，我知道。不过这样也好，等到毕业的时候就不用舍不得了。从头到尾都是我一个人啊，怪谁呢，自作自受罢了。如果和 G 坦白就好了，可是哪有那么多如果呢？之前不也是跟他坦白了吗，可结果依旧不是很好呢。清明大扫除那天，H 说她看错了很多人，我应该也是其中之一吧，从头到尾都是我的错，或许没有我，这一切的一切就不会再发生错误了吧！

我真的有点累了，不想再回去了，也不想再提起了，所有的事情就让我一个人背负，然后随我而去吧。再见，爸爸妈妈，女儿不孝，来生再报答你们；再见，弟弟，如果有来生，我还愿意做你的姐姐；再见爷爷奶奶，我知道这个世界上，只有你们两个才是真正疼我的，不过一切都已经结束了。再见，这个世界，原谅我曾经来过，忘了我吧。”

我听完拍照的同事给我念完这封遗书，悬着的心有些放下了，但手中的刀没有停下，虽然我心里有了一个初步的判断，但我知道事情远远没有结束。

“十五岁的初三女孩”“手脚被捆绑”“溺水死亡”，这些都是这起非正常死亡事件中最容易被推上舆论风口的地方，若是被稍加利用，这将是一次严重的舆情事件。所以，无论走到哪一步，都需要格外谨慎，小心应对，一旦出现差错，甚至是非常微小的差错，都可能被无限放大。这一点同样体现在法医的工作上。当然，“十五岁的女孩”这样的尸体，本身就需要我们格外予以重视，严谨地对待，而暂且不论它是不是一起恶性案件。

接下来，是对死因的判断。任何一具尸体的死因判断，都可以从两个相反的方向入手，一是确证，一是排除。确证，就是通过尸体上一些阳性的表现来推断死因。例如，一具尸体上有严重的颅骨骨折、大量颅内出血、大面积脑挫伤这些阳性表现，那便可以推测死因可能就是严重的颅脑损伤。在这起案件中，阳性的尸体表现有口唇紫绀、鼻腔的蕈样泡沫、球睑结合膜的出血点、气管内的泡沫、水性肺气肿、心脏表面的出血点，这些尸体阳性表现都在提示一个死因——溺水。所以，死者的死亡原因极有可能是溺水。

为什么说“可能”呢？是因为光有这些尸体征象，还不足以完全认定尸体就是溺死的，因为这些尸体征象并不是绝对特定的溺死尸体征象，一些疾病也可能造成此类的尸体征象。所以，我们还需要有更多的证据来支持“溺死”这个结论，如硅藻检验。所以，我提取了尸体的肺组织、肝脏及肾脏进行硅藻检验，并与事发地水样中的硅藻进行对比，以此来证明死者是否真的溺死，同时证明死者是否在尸体被发现的水域溺死。所幸，在死者的肺组织中检出来大量硅藻，肝脏中检出少量硅藻，并且硅藻的种类与尸体被发现的水域中的硅藻种类一致，这进一步证明了死者就是在尸体被发现的水域溺死的。

当然，这都是尸体上阳性的表现，通过阳性表现来推断死因，是确证。还有完全相反的一方面，那便是排除。有了阳性表现，我们还不能完全排除其他的可能性。例如，死者有可能是被迫服下安眠药之后被抛入河中的。于是，我提取了心血等检材，检测死者体内是否有常规毒物。做得更细致一点，还需要对尸体各个器官进行病理检测，以此来排查死者本身是否有基础疾病。这些事项导致的死亡均被排除后，最后的死因便可以定为溺水。

这起案件最终被定性为一起自杀事件，当然是在经过大量的走访调查之后。但仅凭现场的情况，是不是也可以看出一些自杀的意思来呢？除了尸体检验没有明显的被侵害的损伤，还有一个细节，便是岸边整齐摆放的死者衣物。

在岸边，死者的衣物被摆放得非常整齐，甚至连外套也被叠好了。这并不符合凶案的特征。如果想要杀死一个人，完全没有必要脱下死者的鞋子和外套，再把手机从衣服口袋或者裤子口袋里拿出来。这完全是一件吃力不讨好的事情，如果让这些东西随尸体一起浸入水中，那“证据”灭失的可能性会更大。譬如手机，凶手不可能不知道这是非常重要的侦查物证，他可以有无数种将手机毁损的方法，就算是让手机进水损伤，也比原封不动放在岸边强。

但还有一点说不通，看起来似乎与自杀的结论背道而驰，那便是绑在死者手脚之上的鞋带。初看，这一点绝对是支持他杀的强有力的证明——凶手采用绑住手脚的方式控制住死者，然后将死者抛进水中，完成杀人。然而，若凶手是一个人，那么除非在死者丧失意识的情况下才能够顺利捆绑死者的手脚，否则死者不可能不反抗。可无论是现场的状态，还是死者尸体上除了手腕、脚踝之外没有其他任何损伤的情况，都说明她的死亡是一个平静的过程，并没有发生过激烈搏斗。所以，在没有其他证据可以证明他杀的基础上，我们便需要对绑于手脚之上的绳索进行重新考虑。

首先是手腕处的鞋带与脚踝处的鞋带的松紧程度，手腕处绑得明显比脚踝处要松。其次是绑的方式，手腕与脚踝处采用了两种不同的方法，如果是同一个人对死者进行的捆绑行为，为什么不采用一样的方式进行捆绑呢？或许，我们需要换一个角度来思考。

假想我们要用绳子将两根筷子绑在一起，会怎么绑呢？就一般人而言，肯定就是在两根筷子上绕几个圈，然后打个结——这与在双脚处的鞋带的绑法类似。但我们一般不会采用像绑在手腕处的“8”

字形绑法那样去绑两根筷子。所以，如果是他人对死者进行捆绑的话，完全可以采用相同的方式对手脚进行捆绑，并且都是按照像绑脚那样相对来说更加简单的方式，而不会采用现在尸体的手腕处出现的绑法，如果你尝试采用这种方式给另外一个人的手绑上绳子，你会发现这种绑法实在有些复杂。

既然对他人捆绑持怀疑态度，那是不是可以大胆地猜想，死者手脚处的捆绑是死者自己造成的呢？两处捆绑形成的顺序，必然是脚踝处在先，此时死者的双手还可以自由活动，所以脚踝处的捆绑显得更紧一点。然后是手腕处的捆绑，如果你拿一根绳子尝试绑住自己的双手，你会发现采用案中的绑手方法会更加简单。但若是用绑脚的方式来绑住自己的手，是断然不可实现的。

事实便是如此：女孩在绑完自己的脚后，想要再绑住自己的手，但她发现这比绑住自己的脚要困难多了，所以只能换一种绑法，这就是为什么一具尸体上双脚与双手出现了两种绑法。至于死者为什么要将自己的双手双脚绑住，大概是为了增加自己死亡的概率，她怕自己跳进河里之后会出于本能自救。但若是将手脚绑住，连最基本的自救也没有办法了。

一个人，想要自杀的决心，到底是有多大呢？

【法医说】遗书

我见过不少遗书，上面案例中的那封遗书是我见过的这些遗书中的一封。

对于法医来说，遗书或许并不坏，因为遗书的存在从很大概率上来讲，反映的是死者自己想要寻求生命的终结。所以很多时候，若是在现场找到遗书，我总会有松了口气的感觉。对于死者的家属来说，遗书或许是他们最后一次“看到”自己的亲人所说的话，并且很有可能，这些话是已死之人在世的时候从来不会说出口的——这也很有可能是他们第一次听到死者真正的心里话。

我见过最简单的一封遗书，只有寥寥三个字——“我想死”。用于书写这三个字的纸，是学校里都会用到的那种横线本上的纸，这张纸被人从本子上撕了下来。纸张有些泛黄，大概有些年头了。三个字都是用铅笔写成的，就这样歪歪斜斜地写在小半张横线纸上。从字迹来看，死者大概没上过什么学，字迹显得非常“稚嫩”，字的每一个笔画也写得东倒西歪，甚至“想”字的“相”与“心”完全分离成了两个字，乍一眼看上去，甚至会将纸上的文字看成是“我相心死”。

虽然只有短短三个字，但我不知道死者花了多久写下它们，他又是带着怎样的心情写下这三个可能是他这辈子都只写过这一次的字。我甚至不知道这小半张纸上的三个字，是不是能够称为遗书。但暂且算是吧，因为这三个字，是他选择用上吊的方式结束自己生命之前最后的心声的吐露。

如果可以，我猜想他大概是想说更多的话吧，而不仅仅是这简短的三个字。他或许还有一肚子的话想要留下，然而自己却力不从心，无法将自己最后的话语说给自己在死亡之前仍旧牵挂着的人听了，只好把所有的感情都留在这三个字里，自己的绝望、无奈，都留在这三个字里。用这三个字，跟你们说一声：“再见了。”

我见过最长的一封遗书，用大概A4纸大小，写了密密麻麻十几页。死者并不是本地人，他的家在三百千米之外。这是一次蓄谋已久的寻找死亡之路，最后他去到了那里，作为他生命的终点站。到了那里之后，他选了一家还算高档的宾馆住下——这可能让他觉得自己的死尚且算得上体面。第二天，他离开宾馆去了一趟超市，在超市里，他购置了不少东西，有红酒、胶带纸，还有烧烤用的炭。将东西都放回宾馆之后，他又从他开来的一辆车的后备厢里拿了一个烧烤用的架子，回了房间。

他把烧烤架与炭都放进了浴室，还有红酒。在确认了放在房间书桌上的前一晚写了很久的遗书之后，他走进了空间不大的浴室，关上浴室的门，用胶带封住了所有空气能够进出的口子。点燃炭之后，他躺进了浴缸，打开红酒，一口气喝了大半瓶子。他感觉有些头晕，便睡了过去。然后，再也没有醒来。

我来到现场的时候，他的遗书依旧整整齐齐地放在房间的桌子上——一沓纸，显得格外沉重。他的遗书很长，在勘查完现场及尸体之后，我看了他的遗书。他几乎跟他所能想到的每个人都写了一段话，几乎每一段都是悔过与抱歉。他对他的妻子说的话最多，写到了他能回忆到的许多事情，从认识到相恋，再到结婚生子，点点滴滴的叙述甚至在作为旁人的我看来都觉得有些心痛。还有他的孩子，他说自己并不是个好爸爸，没有陪伴孩子，没有参与他的成长，虽然还有很多放心不下，但自己的路已经到了尽头，无法回头。

在写下了很多想对家人说的话之后，他后面写到的东西，揭示了他想要自杀的原因——高利贷。他写下了他欠下的每一笔钱，小到几百元，多到几万元，他记下了二十多笔他所负的债务。因为无力偿还，长久以来又一直被债主逼债，他不愿意再过这样的生活，也不愿意再连累自己的家人，别无选择，只能离开人世。

这封遗书前头写的想要对家人说的话，字迹非常工整。在写到欠下的债的部分，一开始的字迹尚且算工整，而越写到后面，字迹就越潦草，有些甚至都已经无法辨认。虽然我不想说这个死者是个负责任的人，但至少，他对家人的亏欠、遗憾是真的吧，他对自己的愤怒、悔恨是真的吧，这些情感，都化进了那封遗书里。

我还见过很多遗书，每一封遗书，都吐露着一个将死之人最后的心声。它们或者让人感到惋惜，或者让人感到不解，或者让人感到气愤。但不管怎样，它们都已经是一个生命的绝唱。

遗书到底是什么？对于死者来说，大概就是为了不给自己的生命留下遗憾，将生时无法说出口的话，在生命即将终结时，全部倾诉于之。此时此刻，它便是死者回顾自己的生命时，最好的倾听者吧！

第二节 — 2

法医趣闻

法医带你感受什么是真正的哭笑不得与虚惊一场

虚惊一：粪池遗尸

在接到第二起非正常死亡事件的电话时，我还在勘验第一个非正常死亡事件的现场。

“怎么了？”同我一道勘查现场的弟兄见我神色不太对劲，问了句。

“又一个。”我无奈地说。

“你个大霉鬼啊，叫你中午别吃梅菜扣肉！”

“都怪食堂的阿姨，我明明叫她只打肉，不打梅菜的！”

“这锅甩得好！”

“还好还好，第二个现场也不远，开过去估计也就十来分钟。不过发现尸体的地方可能有点……”我吞吞吐吐地说。

“有点什么？尸体在什么地方？”

“在一个粪池里。”

“我去，今天跟你值班真是倒了血霉！”

“慌什么，这么多年什么样的现场你没看过，还怕这？”我嘴上虽然这么说，但心里还是不禁泛出一些嫌恶。说实话，这么多年，粪池里的尸体还真的是第一次碰到。

于是，在勘查完第一个现场后，我们快马加鞭赶到了第二个现场。

这个现场在一座小村庄里。照理来说，出于治理环境的需要，近几年开放式粪池作为重点整治的对象，农村里已经很少能够见到了。不过事发地的这个粪池不知怎么成了漏网之鱼。但这个粪池并不是全开放式的，而是在粪池的上部用九五红砖垒起了一个半球体，就像是个半球形的锅盖盖在了上面。更加形象一点，就像是因纽特人用冰砖盖起来的冰屋。在半球的一侧，有一个大约1米 ×0.5 米的孔洞，从这里可以看到里边的粪池，前提是你得俯下身子。

“怎么会死在这里面？”我在心里嘀咕着，有些害怕死者是死后被人扔进里面的。

“这怎么发现的啊！里头黑咕隆咚的，这得弯下腰打个手电筒才能看清楚，谁这么无聊！”同行的弟兄嘟囔着。

“就这旁边的一户人家，这个粪池就是他家的。据这家的主人说，昨天晚上他的老婆在窗口看到有个人鬼鬼祟祟地背了个什么东西到他家的粪坑这里，然后把背着的东西扔了进去。他老婆说那人背上背着的东西有两条腿拖拉在地上，像是个人，但天黑黢黢的又看不清楚。他们以为是抛尸，心里害怕极了，不敢下去看，一整夜都担惊受怕。今天这个人就过来看看到底是不是他老婆眼花了，结果真的看到里面有条腿，就报警了。”派出所的处警民警介绍道。

我听了心里不禁咯噔一下，真是怕什么来什么，我也有些后悔当天中午吃了梅菜扣肉。

我拿着手电筒，走到那个孔洞边蹲了下来，朝里面望去，一条棕黄色的腿赫然映入我的眼帘！我有些呼吸不过来，不光是因为粪池的味道，更因为接下来可能要面对的案件——杀人抛尸案！

我转了转手中的手电筒，想把里边的情况看得更清楚。可是，我越看越奇怪，那条腿上，似乎长满了毛，再顺着腿看下去，似乎“脚上”也长满了棕黄色的毛。我逐渐有些哭笑不得，这怎么看也不像是一条人的腿啊！

我站起身，把手电筒交给同事，对他说：“先别通知领导了，你瞧瞧去，我感觉不是人的腿，是狗的腿。”

“什么？狗腿！”同事也是一脸狐疑与惊讶，赶紧拿了手电筒去看。

不一会儿，他也起身了。只见他满脸都是不可名状的表情，对我说：“的确像是一条狗腿，至少肯定不是人腿。”

这让周围满脸严肃、严阵以待的人都大跌眼镜。更多的人一个接着一个地蹲下身去朝里面看，你肯定没见过这样的场景——一群穿着制服的警察争先恐后在看一个粪坑！

最后，大家的意见达成了统一，在粪坑里躺着的的确是一条狗！

虽然“抛尸”的确还是“抛尸”，不过，抛的是狗的尸体，不是人的尸体。我心里犯着嘀咕，现场这么多的人，怎么就没人知道在法医到场之前先看看里边到底是什么情况呢？只要稍微看一眼，就知道这根本不是个人嘛！“也许他们连一眼都不想看吧，尸体之类的，大概在他们心里就是法医的专属品。”我这样想。

后来，处警单位还专门在村子里走访了一下，终于把事情搞清楚了。原来，这个村里一户村民家里的狗死了，主人就想把狗扔掉，可随便扔怕以后会臭，于是便想到了这个已经废弃了的粪坑。可粪坑又不是自己家的，在光天化日之下把狗扔进去怕人家看到了会说闲话，于是便在夜里偷偷把狗扔到了这个粪池里。没承想还是被人发现了。而当时报警的那个人，因为没有拿手电筒，洞里面光线又不好，在朝里面看时只能隐约看到一条像腿一样的东西，而自己又曾经被“抛尸”这样的概念强烈地暗示过，所以看了一眼便误以为这里边真的是个人的尸体，结果闹出了大乌龙。

嘿，一桩神秘的“抛尸案”成功告破！

虚惊二：快递盒里的头颅

比起前面的事，第二件事更加让人哭笑不得。

现场位于城乡接合部的一处河道内。清早，一名河道清洁工开始了每周一次对河道的清理工作，主要是捞出河道内的水草及一些漂浮的垃圾。工作同往常一样进行着，直到这名清洁工捞到了一个快递盒子。

以前并不是没有捞到过快递盒子，只是以前捞到的快递盒都是打开了之后才被丢弃的。然而那天捞到的快递盒却是用胶带纸封牢的，快递盒上没有快递信息单，所以也不知道这个快递盒是从哪儿来，寄到哪儿去。更加奇怪的是，这个快递盒拿在手里竟还有些沉甸甸的。清洁工有些好奇，这快递盒里到底装了什么东西呢？他试着摇晃了一下，里面似乎是一个圆球形的东西。最终，他决定将快递盒拆开来看一下。

然而，他没有意料到的是，他即将打开的是一个“潘多拉的魔盒”，是噩梦的开始。盒子里的东西，会让他毕生难忘——出现在他眼前的，竟是密密麻麻的黑色长发，而这些长发覆盖住的，正是他刚刚摇晃快递盒时感觉到的球形的东西。没错，这是一颗女人的头颅。

我接到的电话内容很简单：“在某河道里发现一颗女性的头颅，需要法医立刻前往。”接到这个电话，我的心情瞬间变得激动、紧张又惴惴不安。当一个法医接到分尸案的电话时，往往会是这样的心情。激动是因为分尸案在平时的工作中非常少见；紧张是因为分尸案这样的重大恶性案件，对法医工作的要求格外高，目前只发现了一个头颅，法医必须尽可能多地从这颗头颅上发现有价值的东西。如果能够初步判断死因、推断死亡时间、推测出分尸工具，那就再好不过了。甚至是从一颗头颅演算出尸体的身高、体重等体型特征，为案件的侦查尽可能多地提供尸体信息，这些都是对法医极大的考验。

我到达现场的时候，那里已经有不少人了，所幸附近没有居民楼，也没有马路，所以没有围观的群众。刚踏进警戒圈，一个纸盒子便映入了我的眼帘——那便是报警人捞到的快递盒，里面装着的是一个女性的头颅。这个快递盒并没有什么特别，大约 40 厘米长、30 厘米宽、30 厘米高，是普通的硬板纸盒。

纸盒安静地躺在河道边的草地上，但我心里却格外紧张。纸盒自从被那名河道清洁工放在河边之后，便再没有人动过，大家都在等着法医过来。此时，纸盒顶部呈虚掩的状态，要看清里面的东西，必须将它完全打开。

这是我第一次碰到分尸案件，现场虽然站了不少人，但格外安静，大家似乎都有些焦虑——谁都不想碰到这样的案子。他们每个人的目光都紧盯着我，大概我是现场唯一在活动的人。我感受到了众人的目光，他们看着我戴好手套，当我走向那个快递盒时，他们的目光也紧跟着移转到盒子这里。

在同事将快递盒的原始状态进行拍照固定后，我轻轻地打开了快递盒。这是一种非常特别的体验，与以往所有拆快递盒的感觉都不同，没有欣喜感与期待感，反而让我有一种快要窒息的感觉。而当那密密麻麻的黑色长发出现在我眼前的时候，我瞬时就屏住了呼吸——那是人的头发没错。正如之前了解到的信息一样，黑色的长发几乎铺满了快递盒，完全遮住了下方的头颅。而此时，这些长发在我眼里犹如美杜莎的蛇发，让人心悸。

我知道最重要的是这颗头颅的面容，知道人长什么样，就可能通过人脸比对查找到她的身份。于是，我开始整理眼前的长发。只是，越整理我就越觉得奇怪。一是我并没有闻到熟悉的味道——尸体的味道，这种只可意会不可言传的味道，是我在每个非正常死亡现场都能够闻到的特殊的味道。二是眼前的这个球形物体的触感有些软软的，如果是人的颅脑，因为有颅骨的支撑应该有些硬。我思绪万千，甚至猜想是不是颅骨被凶手拿走了！

经过一番努力，我终于把头发整理好了，也触摸到了眼睛、鼻子与嘴唇，于是便将这些部位转向自己。我能感觉到周围站着的人也都在紧张地盯着快递盒里的东西。

我忘记了我是用怎样的语气说出最终的真相，但我还记得当我说出来时，现场爆发出的嘘声、叹气声，甚至咒骂声，交织成了一片——这令人啼笑皆非的事实，着实让人体验了一把坐过山车的心情。

“太惨了！一定是她做了什么对不起他的事情才惨遭如此毒手的！”我说，“当然，也有可能是他有新欢了。”

同事们面面相觑，他们大概是听出来了我一本正经的话中带着诙谐与讽刺的语气。

“说实话，我还真是第一次见这玩意儿，”我掂了掂手里的头颅，说出了最后的话，“一个充气娃娃的头，散了吧！不过话说这头发也太真了！”

没错，快递盒里装着的的确是一个头，不过，是一个充气娃娃的头。这个头让所有人都感到虚惊一场。事后我想，这娃娃原本的主人到底是什么心态，扔就扔呗，还要给人家“肢解”了，还要特意找个快递盒给严严实实地包上！不过这好歹也是我第一次检验“分尸案”，只是这个“检验对象”，让一个检验过形形色色的尸体的法医实在“无从下手”啊！

虚惊三：当建筑队挖到一具骷髅……

要说前头两个都是“假尸体”，那这个可是货真价实的了。

Z镇的一个小村落里住着几十户人家，连村里的老人也记不清他们已经在这块地方居住了多少个世代。水运在Z镇已经有几百年的历史，有一条运河从南面经过，运河上不停有大小船只穿梭而过，甚是繁忙。正因如此，在政府考察了当地的条件之后，决定对运河进行拓宽。

拓宽河道最简便的方法，便是顺着河的沿岸将河道两边的土地挖去。由于村对岸是一家重要的工厂，所以运河的南岸不能动，便只能在运河的北岸动土。所幸，在沿岸进行开拓并不会影响到村民的正常生活。只是沿岸一些原本属于村民的自留地需要被征用，在村民们得到了一定的补偿后，工程队进驻，开始了运河的拓宽工程。

沿着运河的北岸种着一排树，据村里的老人说，从他们记事起这些树就一直在这里，已经不知道是哪一辈的人种的了。在经过协商后，政府决定给这一排树木来一次全员搬家——向北移动二十米。这个工作当然也交由工程队来完成。

事情发生在一个风和日丽的下午，发现端倪的是工程队的队长。当时，他正在指挥大型挖掘机将这些参天大树树根周围的土挖去。不知怎的，当挖掘机的斗挖了满斗的泥，抬起到空中的时候，他分明看到黑黢黢的泥土里，有一个灰白色的东西。那东西圆圆的，像是一个灰白色的球，却显得有些阴森。他再次注目望去，越发觉得心底寒冷，那个灰白色的“小球”上，分别有两个窟窿，窟窿里也填满了黑色的泥土，像是从阴间发出的黑色火焰，要摄人魂魄。

队长慌忙举起了双手，朝挖掘机的驾驶员挥舞着，示意他停下来。

“哐当！”沉重的挖斗在空中震颤了一下，便一动不动了。驾驶员从窗口探出头来，大声喊着，询问发生了什么事情。

队长示意他下来，将斗里看到的异象指给驾驶员看：“那是什么？”

驾驶员皱着眉头瞧了瞧，眼神从疑惑逐渐变成震惊：“像是……头颅。”

“报警吧！”

当工程队的队长把他们挖出人头颅的那个坑指给我们看的时候，那颗头颅已经被取了下来，摆放在地上。那颗头颅上已经没有任何软组织，只剩下白森森的骨头，两个眼眶中塞满了黑色的泥土，显得格外诡异。颅骨的牙齿已经掉光了，不知道是常埋地下被岁月侵蚀的，还是颅骨的主人本来就如此。

有村民拿来了铁锹，是我们向村民借的。我们已经确认了挖掘机的斗里除了这颗头颅，没有其他人骨，所以剩下的骨头一定还在那个坑里——最好如此，如果只有一个头，那事情会变得更麻烦。

其实我们还猜测到了另外一种可能，但现在我们必须按照最坏的那种情况来进行工作。已经有人开始用铁锹挖了起来，我不知道那是不是漫长又煎熬的等待。

不过大概十分钟之后，好消息传来了，在坑里挖到了另外的骨头。那是一根手骨，经过确认，应当是肱骨。希望剩下所有的骨头都连在一起，我心里祈祷着那是一具完整的白骨。

为了不破坏骨头，挖掘工作也变得小心谨慎起来，速度也变慢了许多。不知不觉，天色沉了下来，已经到了下班的点，肚子有点饿了。正当有人提议分拨回最近的派出所吃饭的时候，我看到有个民警领着一个人从村子的方向急匆匆地赶过来。那个民警之前被派到村里挨家挨户走访了解情况。

“别挖了别挖了！”跟在民警身后的那人朝我们喊道。那人大概有五六十岁，身材不算高大，黝黑的脸上写满了焦急。

“这人刚下班，他说这是他家的。”那个民警走到我们跟前，向我们说。

“是我奶奶！哎呀！”那人开始捶胸顿足，似乎做错了什么不得了的事情，“之前村里来跟我谈扩运河的事情的时候，我完全把这事儿给忘了！刚刚这个小伙子一说，我就知道坏了，我奶奶几十年前安葬在这里！”

我听明白了。

“那可怎么办呀！哎呀！怪我怪我！”

很多年以前，火葬还没流行起来的时候，农村大多还实行土葬，并且土葬的地点不会离自己村很远。我记得我小的时候，我们村当时也都是土葬，土葬的地点一般都是在我们村北面的一大块农田里。村民们会事先在田里选上一块地，然后挖上坑，便把装着亲人尸体的棺材埋进坑里，最后填上土。人们会特意将那块地方堆高，像个小土丘一样，然后在小土丘的南边立上一个石碑，上面刻上逝者的名字。有些人家里穷，有时候连棺材也买不起，石碑也刻不起，便只是简单用草席或者床单把逝者裹了，就埋了。几十年以后，可能当时负责埋的人也逝世了，那些小辈便也可能会忘了自己的祖辈到底埋在哪里。岁月冲刷，石碑会倒，小土丘也被一点点挪平。再往后，便更不会有人记得了。那里的深土之中，只剩下一具骨架，然后越陷越深。

这次碰到的这件事大概便是如此，不过亏得还有人记得。我们还是把整具白骨挖了出来——要扩建河道，这里迟早要被挖掉。还不如现在把白骨全都挖出来，在做了充足的工作确定这具白骨就是这户人家的之后，把它交还给家属，让他们另选一个地方，重新安葬吧。

解剖趣闻

“解剖一定是一件非常严肃的事情。”——大家一定都这么认为。没错，解剖的确是一件严肃的事情，就像是医生在手术台上做手术一样。但我一直很好奇医生在做手术的时候会聊些什么，于是我特意去做了一次手术。麻醉醒来的时候，虽然插在气管里的管子弄得我很难受，但我强忍着没有吱声，就想听听医生护士们在说些啥。我的主刀医生已经在给另外一个患者做手术了，我看到他坐在那个患者的头顶一侧，问另外一个医生上周末是不是带小孩去迪士尼玩了，好不好玩。另外一个医生说孩子是开心得不得了，不过感觉不划算，里头吃的东西太贵了。主刀医生说他的小孩也一直吵着要去，这周末没有轮到值班，打算带小孩也去玩一下。另外一个护士插嘴说，要不要两家人一起，这周正好有空，也想去迪士尼。主刀医生说可以，那到时候联系。于是一场周末出行计划在手术台上展开了。

过了一会儿，有个护士发现我睁着眼睛，跑过来惊讶地说，这个病人怎么麻醉醒了不叫，气管插管这么难受！的确难受，搞得我眼泪都出来了。于是护士把我的插管拔掉，问我叫什么名字，我回答完了之后她便打算把我推回病房。离开手术室之前，我还问了医生一个问题，鼻骨骨折怎么样才能分辨是陈旧的还是新鲜的。医生感到很诧异，反问我是学什么的。我说我是法医，鼻骨骨折不好搞，新鲜陈旧难分辨。我做的是鼻子的手术，主刀医生是五官科的主任医生，所以我才问他的。他们大概从我的问题里得知了很重要的一个信息，麻药效果的确已经过了，现在这个病人很清醒。

我觉得法医解剖跟医生做手术应该是差不多的性质，所以不知道会不会也有人会好奇法医在解剖的时候会聊些什么。不过要是你想知道这个问题的答案，可不能学我，因为躺在解剖台上的话你就听不见我们在说些什么了。还是我来告诉你吧。以前解剖室里还没有装监控，我们解剖的时候可能什么都会说，除了尸体，我们也会拉家常，或者吐槽，或者八卦，无所不聊。这样的法医解剖是不是太不严肃了？事实上，跟医生做手术会聊聊天一样，法医解剖也用不着一直紧绷着弦。不过除了聊天，我也喜欢去发现关于解剖的一些趣事。对我来说，每一次解剖都像是一次探险，虽然它本身的属性似乎也不允许我们在这件事上放松下来，但偶尔在枯燥的工作中让自己轻松一下，大概也可以让我们更加热爱这份工作吧。

一、我是法医，我来帮你剃头！

我记得疫情开始那段时间，街上很多店都暂时关门歇业了，连上街买个小零食吃碗热馄饨都没地方去。那时的生活简直从头到脚都发生了翻天覆地的变化——没错，从头到脚，其中最明显的应当数你头上的头发，都可以让小燕子筑个巢了。有多少小伙伴在那段时间为自己头上越来越长的头发发愁呢？以前一直去的小巷子里的那家理发店，说了过年只休息三天的，结果三个月了还不见动静，我一度怀疑它是不是要倒闭了！还有商场里那家不久前才开业的某某造型，你们家的“Tony 老师”还卖了我一张会员卡呢，不会就这样卷铺盖走人了吧！

不过也好，这是我长那么大以来头一次头发长那么长老妈还没有催我去剪头发！只是这样下去也不是个办法啊，洗发露的用量明显比板寸头要多出好多，心疼！不过，这点小困难能难倒我吗？我转念一想，我不是法医嘛，法医人人都是剃头匠啊！而且法医的剃头手艺，不会比“Tony 老师”差！

法医在平时的尸体解剖中，需要对尸体全身的皮肤进行系统细致的检验，不能放过体表任何一处损伤。不过，全身上下的皮肤中有一处并不是直接暴露在外面的，而是被一层“天然的覆盖物”覆盖住了。没错，这个地方就是头颅。最关键的是，颅脑损伤在法医日常工作中是非常常见的一类损伤，不少命案、交通事故等或多或少都会造成颅脑损伤，而又数头皮创口最为常见。创口的重要性不言而喻，它能够帮助法医推断致伤物、推测击打的次数，当然，前提是法医必须直观、清晰地观察到这些损伤。

然而，有些人的头发非常茂密，长发足以遮住每一寸的头皮，别说仔细观察了，法医甚至根本没有办法清楚地看到头皮！怎么办？好办，把头发剃掉不就行了！于是，你若是看过解剖，便会发现这样一幅场景：一个身穿解剖服的法医，拿着一把解剖刀，在一本正经地给尸体剃头。

可别小看了剃头，法医剃头可不是随随便便的。首先，得保证剃得干净、整洁又美观。对，一定要美观！尤其是我这样的处女座法医，不能把头发剃得这里长一点那里短一点，或者哪里还有一小撮头发没剃干净，这样尸体的头看上去斑斑驳驳，实在难以接受。完美的发型应该是这样的：一眼看过去，所有的黑色从头皮上消失不见，头皮呈现出一种微带青色的白。不过这个要求的确有点高，所以每次我给尸体剃头发都非常慢，甚至人家胸腹腔都解剖完了我头发还没剃好。

其次，是最关键的地方，损伤部位的头发剃起来得格外小心。一来，损伤部位，尤其是头皮创口部位，因为不像完整的头皮一样有张力，所以这地方的头发特别难剃。二来，损伤部位本身就格外重要，把头发剃掉就是为了这个地方，所以不能有一点点差错，否则手不小心一抖，把这地方划破了，那就真是心都碎了。

所以剃头真是一个大工程，它需要有极强的专注力与耐心，我有时候宁愿选择在胸腹部大刀阔斧地干，也不愿意给尸体剃头。不过，看着自己把尸体的头剃得干干净净，损伤的部位一目了然，那油然而生的成就感可比开胸腹腔强多了！我见过一个剃头手艺非常好的法医，他喜欢搬张凳子坐在尸体的头颅边，手持一把解剖刀，看起来闲庭信步，还跟我们谈笑风生，只要一下手，“刺啦刺啦”的声音就来了，光听这个声音就知道无论是解剖刀的角度还是力度，都是恰到好处的。

所以，不要质疑法医的剃头技术，虽然刀片锋利，但绝对不会伤到头皮。对了，我还想起了《剃光头发微》里的一副对联，是这么说的：

磨砺以须，问天下头颅几许？
及锋而试，看老夫手段如何？

啧啧，用这副对联来形容法医剃头，倒是正合适啊！

二、我把尸体“切坏了”

法医，靠着一把柳叶刀走天下，这样一把刀，能在法医手里开出花。话说这柳叶刀，锋利无比，比家里的水果刀强多了。虽然刀片小小的，可比头发丝还要薄，一刀既出，锋芒毕露。

这么锋利的刀片，有好处也有坏处。好处就是解剖的时候省力。我有时候切肉，家里的菜刀实在是不怎么好用，费力气。可是用解剖刀就不一样了，那顺滑感是家里的菜刀比不了的。那坏处是什么呢？坏处就是这刀实在是太锋利了，一不小心就会切坏点什么。

最容易切坏的部位绝对是肋骨。沿着正中线切开胸部皮肤后，下一步就是分离胸壁的软组织，暴露肋骨。尤其是起始的那几刀，把握不好力度与深度就很容易切到肋软骨。于是，如果手法不好，在分离完胸壁后，你会看到肋骨上已经满目疮痍，不少肋软骨已经被或深或浅地划伤了。

切坏肋软骨还不是什么大不了的事，毕竟肋骨到底是原先就已经骨折的还是被切坏的，这两者很容易分辨，但如果在颈部尚未解剖之前就不小心把颈部的血管切断了，那可就是不小的麻烦了。

颈部很重要，结构又复杂，所以一般解剖的顺序往往是先开胸腹，再开颅，最后解剖颈部。尤其是颈部有损伤的尸体，那颈部的解剖就格外重要。可是有一次，解剖才刚开始，我就不小心犯了一个错误。在沿着中线划开尸体的时候，我在颈部用了太大的力气——我也不知道当时在想什么，结果划得太深，把颈部的一条小血管割破了。当酱红色的血瞬间溢出来的时候，我就知道大事不好。

颈部的血管破了，血液会不停地往外溢，止也止不住。溢出的血液会污染颈部的肌肉和软组织，如果肌肉和其他软组织原本就有一些细微的损伤，将会被污染难以再观察到，这简直就是证据破坏大王！

我赶紧用毛巾将出血的地方捂住，希望还能亡羊补牢。然后三下五除二赶紧把胸腹剖开，让血液从胸腔流出来，别再流到脖子那里去了。可就算是这样，颈部还是被污染了。所幸，这一例尸体的颈部并不是特别重要的位置，死因并不在这里。解剖完，我还是倒吸了一口凉气。

解剖还有一个非常容易被破坏的器官，那就是大脑。每次在用开颅锯开颅的时候，我都会忍不住去想，这开颅锯的刀片怎么样才能不切到大脑，每次，我的脑海里也会忍不住跳出来一个词——不知深浅。很多时候，当我好不容易锯开颅骨，把颅骨打开的一瞬间就发现大脑被开颅锯给割伤了，脑组织都被破坏了。我真的不是故意的，我也想要一个完完整整的大脑啊！

解剖时对尸体的破坏当然远远不止这些，如分离肋骨、胸骨时把心包给弄破了，有时候也会在肝脏上留下你的刀痕。经历过很多次解剖，我才知道，解剖是一件既要大刀阔斧又要细致入微的事。该大刀阔斧的时候，就不要不敢下刀；该细致入微的时候，也一定要想清楚了再动手。解剖有时候就是熟练工，但每一具尸体又都不一样，需要区别对待。有时候破坏尸体在所难免，但也不要因此胆怯，在一次次的解剖历练中，可以做得越来越好。

三、老兄，你都吃了些什么？

我一直记得我上大学的时候，有一堂解剖课后关于“番茄炒鸡蛋”的传说。那次解剖课的内容是“胃”。正当课上到一半，大家都在心无旁骛地解剖的时候，突然有个同学叫出了声。教室里所有人都停下了手中的手术刀，向那边望去，有人在询问发生了什么。老师以为是那个同学不小心划到了手，赶紧跑过去。那同学幽幽地说：“没事，就是这个人胃里头有东西。”我们很好奇，胃里头有啥？我也跑过去看，红红的、黄黄的，乳糜状。一群人都伸长了脖子，围在那里讨论到底是啥。最后，老师说，像是番茄和鸡蛋，大概死者死之前吃了番茄炒鸡蛋。我感到一阵反胃，想起我极喜欢的这道美食，竟然出现在一具尸体的胃里头，自己的胃似乎痉挛起来。之后很久，我都没有再吃番茄炒鸡蛋，每次看到这道菜我都不由自主想起那具尸体胃里头的红黄之物。

不知道为什么，我对胃内容物特别在意。虽然有时候的确觉得有点恶心，但只要解剖的尸体够多，你会发现这些尸体的胃内容物里几乎囊括了我们日常所能够食用的所有东西。有一次，我跟几个同样是做法医的同学聊天，一不小心就聊到了胃内容物这个东西，原来不光是我，大家都挺关注这个。其中，竟然还有一些胃内容物是我见所未见的。

第一种，如果胃打开时是满眼的黑色，大伙儿觉得会是啥？是不是会觉得肯定是什么剧毒之物呢？其实我也好奇，胃里面怎么会都是黑色的东西？这些黑色的东西密密麻麻挤在一起，充满了小半个胃，像是放大了的苍蝇的复眼，如果是有密集恐惧症的人看了恐怕会晕过去。这些东西外形是圆的，直径有半厘米多，有些大概是被咀嚼过，变得不规则。这些东西表面富有光泽，摸起来滑溜溜的，还软糯软糯的。

大家可以猜出来是什么不？没错，是珍珠奶茶里的珍珠！这个名字真好听啊，叫“珍珠”。我以前也不觉得奶茶里的珍珠怎么样，可当我看过胃里头密密麻麻的“珍珠”，我觉得这些东西或许更像武侠小说里的某种毒药。从此以后，我喝奶茶绝对不要再加珍珠了！

第二种，这次是红色，难道又是什么剧毒之物？当然不是，这次是一种水果，还是挺高级的水果，至少我还没有财务自由到这种水果随便买着吃。

那次剪开胃之后，里面不是熟悉的乳糜状的东西，而是一小块一小块摸起来有些硬硬的东西，看起来更像是一种水果。果肉是淡红色的，有些晶莹。一些果肉上还连着果皮，是深红色的。这名死者的胃里面，除了这种红色的水果外别无他物。一开始，我还以为是胃里头大出血了，打开胃满眼都是红色，再仔细一看，才知道是死者生前吃的东西。

我用血管钳挑了一些出来，想分辨一下是什么东西。在一边拍照的同事凑过来看了一眼说："这是车厘子，现场也有一些还没吃。"我恍然大悟。而且，看来这名死者在吃了车厘子没多久之后便死亡了，胃里面的车厘子大多数还保留着完好的形状，尚未被消化。

说实话，我超级喜欢吃这东西，可以边看电视边吃掉一大盒。可是这家伙实在是太贵了，每次在水果店里只能望而却步，算了，还是买几个苹果和橘子吧。

让我最惊讶的当数第三种。当我刚打开死者的腹部，那硕大饱满的胃便让我惊呆了——我还没有见过这么大的胃，足足占据了整个上腹部，就像一个充足了气的气球。我将胃捧起来掂量了一番，分量同样很足，大概有三四斤。

我小心翼翼地用剪刀剪开胃壁，生怕里面的东西漏出来。好家伙，里面果然塞满了食物。更让我感到不可思议的是，里面的食物竟然都是完整成形的，根本不用辨认便知道死者生前吃了什么：有一颗一颗的饭粒，有半个蒜头，有一整张菠菜叶子，有一整条肉丝，甚至还有一整片老姜！我大概了解了，什么是真正的“囫囵吞枣”。

奇奇怪怪的胃内容物数不胜数，每次解剖尸体，剪开胃检查胃内容物也是必须做的一件事。胃内容物可以反映死者的进餐时间，从而作为推断死亡时间的一种手段。胃内容物也可以反映死者最后一餐吃了什么，从而为侦查提供一些思路。更重要的是，胃内容物还是进行毒化检验的重要物证，能够排查毒物的种类、判断毒物进入人体的途径。所以，虽然有时候看到胃内容物会不由自主想到自己肚子里也是这个样子，不免有些反感，但检查胃内容物是必不可少的。

四、边解剖边想着：我要减肥！

你有没有想象过解剖的场景？你想象的解剖的场景是怎样的呢？轻轻用柳叶刀划过皮肤，从裂开的皮肤里显露出来的，是呈纤维状的红色肌肉组织，是这样吗？

有时候的确是这样，前提是尸体要有一个“好身材”。说实话，法医的确喜欢躺在自己面前的这个人拥有一个“好身材”，至少我是如此——划开皮肤，便是暗红色的肌肉，再割裂肌肉的纤维，便可以直达腹腔。

只不过有些时候并不能如愿，大家能明白我在说什么不？我说的是脂肪，当然最主要的是腹部的脂肪。很多时候，我们不可避免地会在腹部囤积上不少的脂肪，就像我一样，腹部看起来像个圆滚滚的西瓜。这并不是说你没有肌肉，而是在肌肉与皮肤之间堆积了太多的脂肪。

于是，若是有这样一个腹部被解剖刀划开，出现的并不会是红色的肌肉，而是黄色的脂肪，它与肌肉的对比实在是太明显了，一个是黄色，一个是暗红色。所以，只要肚子足够大，那么黄色的脂肪便会完全将红色的肌肉组织盖过去，成为这次解剖的主色调。然而腹部又是最容易囤积脂肪的地方，所以解剖的时候总会在腹部发现脂肪的影子，只不过是多少的问题。有时候脂肪层太厚，我甚至没有办法一刀就把腹部完全划开。

如果解剖有的选，那我肯定会更加喜欢红色的肌肉。那是一种感觉，一种解剖刀游走在脂肪组织与肌肉组织之间的不同感觉，这是由两者的不同组成与质地造成的。脂肪组织很松弛，充满油脂，所以刀划过去，就像是划在棉花里一样，虽然很顺畅也很轻松，但唯独少了那种“实在感”。什么是实在感？就是用刀划过肌肉组织的感觉，这种感觉可以从切牛肉中找到。

我不喜欢剖开后满是脂肪还有另外一个原因——影响缝合，而且不是一般的影响。油脂的感觉是什么？滑溜溜。只要我的橡胶手套一碰到脂肪，便会变得格外“顺滑”，导致我根本捏不住缝合针，也提不起皮肤，这给缝合工作造成了极大的阻碍。于是我只能在我的橡胶手套外面再戴上一层纱线手套，让我的双手变得更加笨拙。

脂肪组织的松散还让缝合变得没有“力气”。如果是肌肉组织的话，很好办，因为致密的肌肉纤维能够很好地“锁住”缝合线，让缝合线变得有力。然而又滑又松的脂肪根本扯不住线，所以有时候完成缝合之后，会显得有些奇怪，给人一种随时会散架的感觉。

每当看到这样的尸体，我就会变得格外有动力——减肥的动力。我只要一看见眼前满满的黄色脂肪，再想想自己的肚子，似乎就能够看到我肚子的皮肤下面也全都是黄色的脂肪层，心里就特别恐慌，想到以后自己若是被解剖了，岂不也是满满的油腻感，那将是一件多么没有面子的事！所以，每次解剖完这样的尸体，我就说一定要减肥，把肚子上的脂肪全都减掉。然而，不久之后，当美味的食物放在我的面前……好吧，它们真香！

五、你们炖的是牛骨汤，而我炖的是……

又到周末，可以有时间炖汤喝了。炖个什么汤呢？前两天听同事说，用牛骨炖汤，只需要在汤里放上两块咖喱，炖出来的汤便会鲜美无比。于是，我很想尝试一下用牛骨来炖汤。

周末这天，我起了个大早，去菜市场挑了一根看起来最新鲜的牛骨，又买了一包咖喱、一些小葱，准备花一上午的时间来炖一锅美美的牛骨汤。可是，还没来得及炖，悲催的我便接到了任务，有一起非正常死亡事件需要勘查。

现场位于靠海边的一处荒山，山上杂草丛生，有些草甚至已经长到了我的胸口。“什么人会死在这里呢？”看到眼前的一片荒芜，我有些紧张，一般人谁会来这么偏僻荒芜的地方呢？除非……我不敢往下想，这个时候最怕“心想事成”。

尸体已经高度腐败，很多部位的骨头已经露了出来。我想起前几天的天气，台风加上酷暑，尸体想要不快速腐败都难。尸体看起来黑乎乎的，颅骨已经暴露出来，想要通过面容来辨认身份是不可能了。我又检查了一番被尸体压在身下的一件薄薄的衣服，没有任何能够证明死者身份的东西。于是，一具死在荒郊野外、高度腐败、死因不明确的无名尸体便摆在了我面前。

这个时候，我已经把炖牛骨汤的事情抛到九霄云外了，只想着怎么把眼前的这桩事情解决。因为尸体所处位置太特殊，又身份不明确，所以现场勘查完毕之后，我便立即在解剖室对尸体进行了解剖检验。

解剖需要解决三件事情：一是死因，然而高腐让这个问题变得非常困难，尸体就算原来身上有伤，也由于软组织已经腐败而变得无法明确。二是死亡时间，做法医的都知道，尸体腐败的时间越久，死亡时间越难以确定，能够给出前后一个星期误差范围之内的死亡时间段已经很不错了。三是寻找尸体身上的特征，以便能够帮助查找尸体的身份。

这一点太重要了，如果能够明确尸体的身份，便可以解决很多的事情。尸体的特征包括很多，如身高、年龄、足长、发长等。身高和足长很好判断，用尺子量一下就好，那年龄该怎么判断呢？而在这起非正常死亡事件中，判断年龄显得尤其重要。

面对如此高腐的尸体，我们综合了牙齿信息、肋骨信息来进行判断，当然，最重要也是最准确的方法，还是通过耻骨联合进行推断。于是，我拿起电锯，把尸体的耻骨联合给锯了下来。

锯下来还没完，骨头上还连着一些肌肉呢。这些肌肉光用刀刮的话肯定不行，一是用刀刮会刮不干净，二是刀会对骨头表面产生破坏。而碰到这样的情况，法医们自有妙招——煮！

没错，大家炖过骨头汤的一定都知道，要是骨头炖了很久，骨头上的肉就会自己从骨头上掉下来。所以，我们也只要煮得够久，那就可以完美地暴露出耻骨联合的骨面了！

不用担心锅的问题，电饭锅是每个解剖室的常备工具。于是我搬出电饭锅，装上水，插上电，把刚切下来的耻骨联合放进锅里。不一会儿，电饭锅就“咕咚咕咚”冒起了热气。

可是……等等……好像哪里不对……我不是应该在家里炖牛骨汤吗？怎么会在解剖室里炖耻骨！

这味道也不对啊！说好的香气四溢又鲜美无比的牛骨汤，怎么就变成了一股怪怪的味道？我不由得感叹，人生啊，真是此一时彼一时！我食欲全无，只得望锅兴叹！

六、解剖中的意外

人生好像处处充满着意外，就连解剖也不例外。当你正专心致志地做着解剖时，意外的到来往往让你猝不及防——它总是来得那么突然与猛烈！我们来细数一下解剖中会发生的那些意外吧！

第一种，解剖刀的刀片断了。我不知道是不是我们采购的刀片质量太差了，至少我已经在解剖的时候整断了好几次刀片，但后来我想肯定是我使刀的手法有问题。

这种情况最常见于切肋软骨的时候，尤其是已经钙化了的肋软骨。在切开胸部皮肤之后，法医需要把肋骨沿着肋软骨切断，然后分离肋骨以便能够暴露胸腔。年轻尸体的肋软骨一般都比较好切，可上了年纪的尸体，肋软骨已经钙化变硬。这个时候就是解剖刀片与之拼强度的时候了——可事实上，薄薄的解剖刀片怎么可能拼得赢？

当我将全身的力气集中在捏着解剖刀的手指上，全神贯注、专心致志准备精准发力、蓄力一击的时候，只听见“啪”一声，解剖刀片应声而断。我看着手里解剖刀柄上剩余的半截刀片，再看看嵌在肋骨中的另外半截刀片，不禁怀疑眼前的肋骨是不是金刚石做的。

好吧，其实用解剖刀去切已经钙化了的肋骨是非常不正确的做法，我还是乖乖拿起了肋骨剪，在剪断钙化肋骨这个方面，这家伙比解剖刀好用多了！

第二种，缝合线断了。这是足以让人感到崩溃的场景，我忍不住再次怀疑，采购的这批缝合线的质量是不是真的太差了！好吧，其实后来想想，也许是我的力气太大，用力过猛了。我难道是绿巨人？

当我缝合胸腹腔，刚缝到一半，这次连声音也不给我，在我想要将之前已经缝合好的皮肤拉扯紧致的时候，缝合线就那么悄无声息地断了！那么直接、干脆、决绝，甚至也不跟我商量一下！

我一脸蒙圈，看着孤零零的断掉的线头。如果断掉之后的线头够长还好，还能勉强让我打个结，可有时候它就是要正好断在缝合的地方，一点机会也不给我，我难道要把辛辛苦苦缝合半天的线全部拆掉重来？我大概是没有那个耐心了。

第三种，手套破了。这大概算是最让人心惊胆战的意外，手套竟然破了！戴在最外层的一般都是橡胶手套，橡胶手套嘛，有时并不牢靠。有时候可能是不小心被刀划到了，有时候可能是被卡住撕破了，有时候干脆不知道怎么回事就破了。

破的时候立即发现了还好，最可怕的是破了自己都不知道，等到发现的时候已经……晚了。我真的会忍不住爆粗口，然后迅速脱掉已经破损的手套，再迅速查看戴在里层的塑料薄膜手套，仔仔细细翻来覆去查验这一层手套有没有破。

如果没破那倒还好，勉强能够松一口气。如果连塑料薄膜手套也破损了，那我简直就像被法师施加了冰冻法术，整个心都凉了。我可能会觉得这手再怎么洗也还是有一股怪怪的味道。所以，我现在学乖了，戴手套都要戴三层，正是所谓的里三层外三层，这样才能让我有安全感。

第四种，这大概是我经历过的最严重的一次意外，因为这次意外，我的手指被缝了七针，直到现在左手中指上还留着疤痕。

我记得是多年以前的事了，那时候我们县的解剖室还没有改造，就是一间简陋的屋子，里面摆了一张解剖台。解剖室里没有通风系统，导致很多腐败尸体根本不能够在解剖室里进行解剖，因为味道的确会让人受不了。还好，殡仪馆建在比较偏僻的地方，所以趁没人的时候，我们有时候会把一些味道特别大的尸体搬到户外进行解剖。

那时候用的推尸体的车也比较简陋，而且要把尸体从解剖室推到室外，必须经过一个斜坡。我把那天下午要解剖的尸体放在一块不锈钢板子上，然后将板子放在尸体车上，准备推到外头。在经过斜坡的时候，因为没有控制好车，结果尸体连同着那块板子一起从车上倾倒下来了。我的手当时正好放在那块板子的边缘，结果板子倒下来的过程中，将我的手指夹在了板子与尸体车之间。

一阵剧痛从我的左手中指传进了我的大脑。我立马将戴在手上的手套脱了下来，脱的时候，我看到手套中指指尖的位置已经破了一个大洞。脱掉手套，鲜红的血立刻出现在我眼前。我转身走到水槽边，打开水龙头，忍着疼痛，用水冲洗我的手指。

还好这里是法医解剖室，一起来解剖的同事见状，立马找出了一卷医用纱布，在我冲洗完之后帮我简单地包扎上了。同事询问我情况，我其实自己也没有看清楚伤口到底有多深，但我可以感觉到左手的中指指头麻麻的。我说要去医院，估计得缝针了。果然，这个伤口最后被缝了七针。

经过这次“流血事件”，我也变得不再那么马虎了，现在我终于知道，这些意外都只能怪自己太粗心了，法医解剖工作还是要时刻紧绷安全这根弦啊！

七、终于解剖完了，吃饭去！

我发现了一件非常了不得的事情，每次解剖完，脱掉解剖服，我们谈论的第一件事总是：“去哪里吃点东西吧！”但其实这又不算什么了不得的事情，因为解剖完一具尸体，怎么说也要两三个小时，不管是什么时间点，在完成了这项非常消耗体力的工作之后，肚子总是会第一时间表示应该填充些东西了。那么，解剖结束了，我们应该去吃点什么东西呢？

如果时间还不算太晚，我们解剖完经常去一家店，叫“阿良美食”。这是一家小炒店，价格合理，关键是菜的味道的确不错。

我们有位老法医，每次解剖完都有一个必点的保留菜品——雪菜猪大肠。于是，每次有他在，我们必然能够吃到这道人间美味。说实话，这菜的确不错，非常下饭，饥肠辘辘之后再配上这道菜，干掉两碗饭不成问题。以至于到后来，就算这位老法医不在，我们解剖完了也会非常自觉地点这道菜。这个优良的传统的确得继承好。

但阿良美食给我印象最深的并不是雪菜猪大肠这道菜，而是蒜苗熏肉。我记得有一次，我解剖完一具高腐的尸体，照例去阿良美食吃些东西。那天也点了雪菜猪大肠，还有蒜苗熏肉。我以前还是挺喜欢吃熏肉的，特别是要干干的、有烟熏味道的肉，吃起来特别香，而且也非常下饭。然而那天的熏肉似乎有些不同寻常。

我夹了一块熏肉放进嘴巴里，嚼了嚼，口感还是那个口感，味道却有些怪怪的。一开始我说不出那个味道是什么，但我感觉有些让我不愉快。我以为是我的错觉，于是又夹了一块，还是同样的感受。我又仔细“品”了一番，突然有些惊讶，怎么有一点刚刚的工作对象的“腐败”味道？

我想起来，似乎就是这个味道没错了！我又尝了几块，但每次都是那个味道充满我的口腔与鼻腔。我看了看盘子里的熏肉，竟然还看到了几分皮革样化的感觉。两者的确有点像，都是被风吹过的、干巴巴的。放心，我不会把嘴里的食物吐出来，我都已经吃了好几块了。不过在吃熏肉的时候，我的脑海里还是不自觉地蹦出了刚刚工作的场景，以及我的工作对象的模样。本着浪费可耻的心态，勉强吃下去还是没问题的。

自从那次之后，我再也没点过蒜苗熏肉这道菜。不过除了这道菜，在阿良美食进食的经历还是非常愉悦的，尤其是在解剖完了之后，来一瓶冰镇“快乐水”，再炒上几个小菜，几碗米饭一下肚，顿时感觉又可以再战了！

有时我们的工作在深夜，解剖完都已经是凌晨两三点，大街上的炒菜店早已打烊歇业。这个时候，也只有零星的几家通宵营业的面馆还开着，于是，这些店里也会经常出现我们的身影。而且说来，面食也是我极喜欢的。

冬天来一碗热腾腾的汤面，夏天来一份降温解暑的冷面，心旷神怡。我喜欢吃双茄牛肉面，或者泡菜鸡丁面，冷面我更加喜欢酱鸭冷面。然后加上辣椒，倒上米醋，就是人间极品。我一直不明白为什么会有人吃面不喜欢加醋，我觉得不加醋简直是对面食的亵渎，不加醋的面我都没有办法把它放进嘴巴里。正如那句“名言”说的一样，“吃面不加醋，犹如吃抹布”，吃面果然还是要加醋才好吃！

对了，面里边最好再加上一点油渣，那样就更香了。当然，“奢侈”一点的话，还可以加一个煎蛋，一定会带给你极大的满足。

所以，法医解剖完尸体，都会去吃些什么呢？放心，我们都不挑食！

法医在死亡现场接受不了什么

作为整天与尸体打交道的职业（至少在外人看来是如此），法医当然需要面对各种各样的尸体。很多时候，当有人听到我是做法医的时，第一个问题一般都是：“你看那些尸体，怕不怕？”怕？毫不夸张地说，看过那么多的尸体，我还从来不带一个怕字的。这就好比一个摄像师，面对镜头中的人物，怎么可能会怕呢？

“那你的心理素质肯定很好！”在得到我否定的回答之后，紧接着大概会是这样一句赞叹。我一直不知道该怎么接这句话，不怕工作对象与心理素质没有丝毫关系。怕当然是不会怕，在我看来，那些养蛇人才应该更加害怕，何况我的工作对象不会动也不会言语，更不会张开嘴咬一口，还是带毒的。

不过不害怕并不代表我就可以接受得了所有的尸体。这也跟心理素质无关，人嘛，总会有接受不了的东西。我听许多人说过，他们可能连尸体都接受不了，我不过稍微好一些。我可以接受其中的大多数，但总归还是有我接受不了的尸体。

最让我接受不了的尸体，不用说，肯定是高度腐败的尸体，这或许也是所有法医的痛点。高腐尸体的模样的确有些恐怖，但我并不是接受不了高腐尸体的模样。我一直只是把每具尸体当成普通的工作对象而已，所以无论面对什么样子的尸体，我都不会感到害怕。

高腐尸体有两样东西让我无法接受。一个当然是气味。我至今无法形容那是一种什么样的味道，那是在整个生命中的任何时候任何地点都不会闻到的味道，没有一样东西的味道与它相似。那种味道，我连一口都不想呼吸，否则我便会感到眩晕，甚至想要呕吐。说到呕吐，我倒是没吐过，但干呕偶尔还是会有的。我见过有人在现场看到尸体之后就拼命呕吐的，看来的确并不是所有人都能够受得了“尸体”这种东西。

高腐尸体第二个让我无法接受的是“滑”。我从小就不喜欢滑溜溜的东西，比如蛇、泥鳅，所以小伙伴们在捉泥鳅的时候，我只会看着，因为那东西握在手里的感觉让我感到恶心。尸体在一定的条件下不断腐败，有时候全身的皮肤都会变得很滑，皮肤表面还自带一层黏液。所以在我抓住尸体的手臂时，那手臂便会像一条泥鳅一般滑走，让我完全使不上力。此时再加上尸臭，简直让我没有一点想继续下去的欲望。然而无奈的是，每年都会碰到一两个这样的尸体，没办法，硬着头皮上吧！

第二个让我接受不了的其实不是尸体，而是蛆虫。如果你有密集恐惧症，那你一定不适合做一名法医，因为没有一个法医不会碰到究极状态的密集——蛆虫。我该用哪些苍白的文字来形容尸体上堆积如山的蛆虫呢？它们不停地快速蠕动着，相互拥挤着，像是呼啸而来的凶猛洪水。密密麻麻的米白色的小虫子柔软而又肥硕，毫不疲倦地扭着身躯，都想要霸占眼前的尸体。如果米缸里的米能动，大概就是这般场景，又像极了小时候黑白电视机收不到信号时屏幕中闪烁的雪花。几万条、几十万条，那简直就是蛆虫的世界，它们在那里恣意欢谑。当我惊扰到它们的时候，它们也不知道发生了什么，变得惊悚起来。于是它们加快了身体蠕动的速度，但完全没有方向。一些掉落在地上的蛆虫变得毫无头绪，有些向尸体爬去，有些向我的脚爬来。

我有些嫌恶，但这些家伙的确很有价值，所以我原本并没有那么讨厌蛆虫。可当我看过贝爷的野外生存节目后，便再也无法以正常的眼光来看待这些蛆虫了。我记得贝爷在节目里说，其实蛆虫是一种蛋白质非常丰富的食材，对于身处荒野中体力消耗非常大的人来说是极好的补充体力的食物。贝爷还亲自展示了应该如何食用蛆虫，那场面让我感到震惊。

不巧的是，在看过那一集贝爷之后不久，我便遇到了一具满是蛆虫的尸体。我照往常那样夹起一条蛆虫观察了一番，然后用尺子量了量它的长度。事情本该就这样结束了，可是一瞬间我的脑海中蹦出了贝爷吃蛆的画面，然后看了看爬满尸体整张脸的无数条正在快速蠕动的蛆虫，心里不禁打了个寒战。“这些蛆虫还都挺肥的，估计蛋白质含量很高。”心里冒出这个想法之后，我便无法再直视蛆虫这种生物了。不过我猜，这些蛆虫就算是“站在食物链顶端”的贝爷，也是不敢轻易尝试的吧！

对于蛆虫，我倒是已经司空见惯，但这里头却有让我感到比蛆虫还要讨厌的东西，没错，蛆虫的“爸爸妈妈们”，那些嗡嗡乱飞的苍蝇。

苍蝇们总是最先察觉到尸体的味道，这里是它们繁殖下一代的好地方。所以我在勘验尸体时，几乎每一次都会有苍蝇的侵扰。不过似乎我才是不讲先来后到的那一方，因为我到达现场的时候，它们肯定已经霸占了那块地盘。当它们察觉到有人靠近时，便会一哄而散，然后在不大的房间里没头没脑地到处乱撞。我为什么比讨厌蛆虫还讨厌苍蝇呢？因为它们如脱缰的野马一样乱撞的时候经常会不小心撞到我的怀里来。这肯定是不得了的事情，我几乎能够感到这些苍蝇的足、口器上沾满了尸体的味道——那是由腐败气体、腐败液体组成的味道，然后它们用沾满这些东西的足站在我的身上，让我感觉整具尸体都趴在我的身上。

它们光是趴在我的衣服上我就已经万万不能接受了，更可恶的是，它们有时候似乎更加喜欢我的脸。你无法想象好几十只苍蝇一起在我面前张牙舞爪地飞舞的场景，它们好像是故意的一样，舔舐了一口尸体，然后“砰”的像子弹一样飞向我的脸。防是防不住的，它们无比灵活，就像是会拐弯的子弹，而且是枪林弹雨，我无法一一把它们全部都赶走。我知道它们可能很生气，气我的到来影响了它们的饕餮盛宴，所以合起伙儿来一心向我展开它们的报复行动。我就算是双手拼命抵挡它们的攻击，也总是有漏网之鱼凭着它们灵活的身段成功扑到我的脸上。我简直要气疯了，恨不得在我脸上事先盖上一张粘蝇纸，把它们一网打尽。还好到目前为止，还没有一只苍蝇能够成功瞄准我的嘴巴然后偷袭成功，否则我断然要吐的——谁说法医不会吐的，要是有一只蚕食过尸体的苍蝇飞进我的嘴里，我第一个吐。

比苍蝇有过之而无不及让我讨厌的虫子还有蚊子，这是夏天里最常见的让我厌烦的家伙，偏偏在非正常死亡现场，这家伙也是时常出没。蚊子以液体为食，很好，非正常死亡现场简直是它们的天堂，它们可以毫无顾忌地吸食尸体的血液——当然是腐败的血液。它们吃得饱饱的，休息一下再继续吸食。繁殖过后的雌蚊更加丧心病狂，它们饿得就像永远吃不饱。

所以它们也很讨厌有人打扰它们。好吧没错，法医大概就是它们最讨厌的人。夏天的现场让人无可奈何，当你专心看尸体的时候，你是不会意识到有好几只蚊子正在同时吸食你的血液的。它们会用那已经插入过好几次尸体皮肤的尖尖的口器插入你的皮肤，或许它们的口器上还有残留的尸体的腐败血液，一同跟着进入了你的皮肤。而且，它们吸食到你的新鲜血液后，可能还会把刚刚吸进去的“过期”的血液吐出来。这些吐出来的血液去了哪儿，不言而喻。

蚊子与苍蝇不一样，不会正面攻击你，它们更加喜欢在暗地里动手。所以它们选择的地方往往都非常偏僻，比如你的耳朵后头、脖子后侧、肘关节外侧、小腿肚子、脚踝……这些部位你不会轻易注意到，所以不能及时发现正有可恶的小虫子在那里大快朵颐。你最后只能发现满身的大红块，“凶手”却早已经无影无踪。

我不知道被多少蚊子叮咬过，这些小家伙简直丧心病狂，它们就像是巡航导弹一样让我厌恶到了极点。它们饥不择食，但也可能因为新鲜血液比腐败血液要好吃，所以才会把矛头全部指向我——但我不知道究竟是不是这样，蚊子们似乎更有发言权。

这下我倒是知道防护服的好了，原来防护服不仅能够防止我们沾染上尸体上的有害物质，还能够防蚊虫防苍蝇。自从穿上防护服，热是热了点，如果是夏天那汗是一身一身地出。但想到可以不被这些小东西侵扰，我还是会非常自觉地套上它。敌人们，有了这身盔甲，我就再也不怕你们了！

法医的内心世界

法医给人的感觉好像永远都是酷酷的，无论是面对血腥的凶案现场，还是面对已经严重腐败发出阵阵恶臭的尸体，你似乎永远不能察觉到法医脸上有任何情绪的波动，他们永远是那么淡定，那么波澜不惊。

错了错了错了！别看平时法医都不苟言笑，其实吧我告诉你，他们都是装出来的，因为死亡现场不允许你有太多的表情。涉及死亡的现场一般都是非常严肃的，气氛也很凝重，这都是对死者的尊重。法医的内心世界当然也是异常丰富的，只是不表现在脸上而已。

场景一

前方发生一起非正常死亡事件，大清早的，出来散步买早饭的大爷大妈们瞬间把现场围了个水泄不通。虽然他们或许什么都看不见，但这抵挡不了他们的好奇心，而且人群里总有人能够把事情说得像是他亲眼看到的一样。

法医虽然对死亡事件已经见怪不怪了，不过有时候还是会不自觉地扮演起吃瓜群众的角色，我也很喜欢听一些曲折离奇的故事，故事的结局总是以某人的死亡告终。我也好奇这个人到底是怎么死的，这个时候法医的优势就来了，我不用站在警戒线外头向壁虚造，我可以直接进去啊！

我可不管你们了，我直接进去看了！谁叫我是法医呢！待我进去一探究竟，问问到底是发生了怎样的故事。就是这样，法医也有着跟普通人一样的好奇心，也会像普通人一样觉得死了人是不得了的事情，而不是像有些人问我“你是不是对死人已经免疫了”这样。生命永远值得敬畏，生命的逝去永远值得哀伤，又怎会“免疫”呢？

场景二

法医拎起勘查箱，抬起警戒线，径直走进现场，是一次处警的开始。我总是能听到周围有群众说，“法医来了，法医来了”。我甚至时常有一种错觉，似乎周围的人都在盯着我看，似乎我就处在舞台的中心！

好吧，这的确有点自恋，但我倒是绝不会有享受这种“舞台中心”的感觉。刚开始做法医的时候我甚至还会感觉有些不自然，周围那么多人，就看着你一个法医走进去，听着他们说“连法医都来了，人肯定死了”，这样的议论让我感觉如芒在背，自己也不免生出些乱七八糟的想法。比如——

“他们会不会觉得这个法医太年轻了不靠谱啊？”

“这么多人看着，好心虚。”

“要是我拿不准主意判断失误了那可怎么办？这样也太没面子了，这个年轻法医不靠谱的事实就板上钉钉了！”

“……”

但我现在已经很习惯了，根本不会再产生一点稀奇古怪的想法，顶多是会想："哎呀别看了别看了，这有这么好看的？赶紧回家烧饭吧，菜还没买好的赶紧去买菜，否则菜就不新鲜了！"

不过，非常可惜的是，到目前为止，我尚未听到围观的人群中有人说"这个法医好帅啊！"这样的话，不禁扼腕长叹！

场景三

面对凶案现场，法医看起来也是那么沉着冷静，就算是看到尸体的那一瞬间，无论尸体是怎样的一种状态，也不会有太多的震惊或者难以置信。的确，法医哪有那么多的时间去震惊或者难以置信，我总不能在现场爆出一句："Oh my god，unbelievable！"

当然总不可能一直吐槽，吐槽又不能让自己的运气好一点。在凶案现场，法医最关注的当然还是尸体，尤其是对尸体的保护。什么？保护尸体？啧啧，尸体那简直就是法医的"宝贝"，不能让人碰一碰的，要碰，那也只能我一个人碰！——好吧，没人愿意去碰尸体，除了法医。

于是，法医会仔细地端详起眼前的尸体来，就像是在端详一件古代的文物一样。然后心无旁骛，开始分析这人是怎么死的、工具是什么、死亡多久、有没有搏斗反抗等，最后勾勒出那一幅死亡之前的场景，就像放电影一样在脑海里一一呈现。

是不是有一点悬疑剧男主角的感觉了呢？想想都满身鸡皮疙瘩。好了好了，电影放完之后赶紧去解剖吧！

场景四

高腐尸体永远是我最不愿意碰到的，只是每年总要有那么几次，尸体腐败到让人难以置信。别看法医在看高腐尸体的时候也是满脸淡定，其实他们心里已经快要崩溃了。

来到高腐尸体现场，法医心里第一个蹦出来的念头就是：我能不能不看这具尸体？现实是残酷的，这个问题等于白问，你法医不看谁去看？没看见一群人都躲得远远的，就等你法医去看尸体了吗？

于是法医会好羡慕那些可以躲得远远的人，这些人怎么就可以不到中心现场来，怎么就可以不闻一闻这无比醒脑的味道呢？然而现实又是残酷的，这里只有我一个法医，我不能躲得远远的。

看高腐尸体的时候，其实我的内心是极不淡定的。我会想，怎么这具尸体偏偏要在今天被发现呢？要是早一两天发现多好，可能就不会腐败得这么严重了。要是能够晚一天发现也好啊，晚一天发现就不是我值班了！

然后一边吐槽，一边赶紧跑出现场，狠狠吸一口新鲜空气，屏住呼吸，继续跑进现场进行勘查。

您瞧见了吧，其实法医并不是那么淡定，内心也并不是那么波澜不惊。我一直觉得，不管你是个内心多么强大的法医，你的第一属性终归还是“人”，碰到各种各样的死亡，心里也不免会有悲伤、愤怒、不甘、可惜之类许许多多的情绪。法医不是没有感情，只是法医并不能被这些感情所左右，因为法医必须处在天平的中间，对眼前的问题做出公平与正义的回应。

值班“玄学”

今天又轮到我值班。前一天晚上洗澡的时候，我特意拿了一条不是红颜色的短裤，因为红色是血的颜色，值班穿红色的衣服“不吉利”，预示着在班头上会有“见血”的事情发生。什么是见血的事情？非正常死亡。作为法医，肯定不希望自己的班头上出现这样的事情，尤其是不一般的非正常死亡，也就是命案。虽然一年之中的命案屈指可数，但谁都不愿意遇到。就像上面说的在值班的当天不能穿红色的衣服一样，这被称为值班“玄学”。

那值班还有哪些“玄学”呢？不胜枚举！简单举几个例子看看吧！

技术员 A：值班那天的一日三餐绝对不能吃太好，也不能吃太饱！俗话说得好，吃饱了就得干啥？吃饱了就得干活儿！还有一句俗话说得好，吃不了兜着走！总之轮到你值班的时候，绝对不能吃得太好太饱，不然活儿多得干到你停不下来，没时间吃下一顿！

技术员 B：值班那天吃什么菜是很有讲究的。你不能吃梅菜扣肉，吃了就会让你在值班那天霉运当头，这道菜绝对是值班大忌！你还不能吃豆腐，甚至不能吃任何豆制品，你知道值班吃了豆腐会发生什么吧！（我所在的地方会把去办丧事的人家里吃饭称为“吃豆腐”，所以在值班那天吃豆腐绝对是不吉利的）

技术员 C：值班的学问可大了，其中有一条，千万不要轻易换班，一换班保证出事！技术员换个班，那可能大现场就等着你了。要是技术员、法医都换了班，那非正常死亡就要接踵而至了。万一再加上值班领导换班，那肯定 hold 不住，命案在向你们招手！

技术员 D：虽然大家在一栋楼里，低头不见抬头见，但当天值班的技术员跟法医如果碰到了，千万不要说话，一说话就要出事！甚至不要打招呼，不要眼神交流，更不能会心一笑，不然那一瞬间擦出的火花就会把这一天的现场点燃点爆！

法医 A：值班那天的早上必须把胡子刮干净，不然这个班头上肯定会很忙！那些不刮胡子就值班的日子，就没有一天是太平的！别问我为什么有这个说法，我也不知道，这就是“玄学”！

法医 B：值班的“玄学”，如值班的法医已经跟值班的技术员勘查完了一个非正常死亡的现场与尸体，两人各回各家的时候，千万不要道别。“再见”这个词是绝对不能说的，说了就代表你们会真的“再见”，你们会在下一个非正常死亡的现场再次相见。所以，法医在跟技术员“分道扬镳”的时候，就必须真的是分道扬镳，要么不打招呼头也不回地走开，就算打招呼，也应该说这样的道别话：“再也不见！”或者：“我不想再看到你了！”

法医 C：心灵感应这个东西真的很灵！所以，在你值班的时候，千万不能想太多，要心无旁骛、了然一空，心里头什么都不要想！无论你在值班的清晨想了什么，譬如“最近值班好像还可以，挺太平的”，又如“最近实在太忙了，希望今天能够清闲一点”，再如“今天我要完成什么什么工作”。这些你都不要想，否则不知道哪里就能够感应到你的这些杂七杂八的念头，就要开始出事了。总而言之，值班那天你唯一能做的就是心无旁骛，完全把自己放空！

……

真是绝了，你们说照这样值个班能不累吗？上面列举的，还只是一小部分，还有更多的，比如，值班那天必须把手机铃声调到某个固定的音量，值班那天不能拿笔写字，值班那天看完一个现场之后勘查箱一定不能放在勘查车中不拿出来，否则必定会有下一个现场……

最重要的是，值班那天不能看关于值班“玄学”的文章，您瞧，现场来了！

第三节 — 3

法医验伤

验尸之外

很多人对法医这个职业可能有些误解，以为法医就是拾掇尸体的。

我仔细回忆了一番想要了解我的职业的一些人与我的谈话，他们的开场白往往是“你怕不怕”。我明白他们的意思。一来，人们总是会怀着万分好奇又些许胆怯的心理看待“尸体”——这像极了想看恐怖片又不敢看的我，而法医似乎对此既不好奇也不胆怯，这让他们感到惊奇；二来，现如今大多数对法医的宣传也都是从“尸体”出发，因为这最容易抓住人的眼球，这是好的，能够让大家更加了解法医，却不免有些偏颇。当然还有一部分的历史原因，从古代的“仵作”到近现代法医学发展之初的法医，他们的工作对象的确是尸体占了绝大部分。于是，法医的工作对象便与尸体画上了等号。

当然，光是“解剖尸体”这几个字就已经充满了噱头，让人们对法医这个职业充满了猎奇心，总是抱着想深入了解却又敬而远之的态度。所以，“命案”“尸体”“解剖”，法医永远离不开这几个关键词，而且大多数人会觉得，法医就仅仅意味着这几个关键词。

事实是这样吗？当然不是。要是法医只需要做这几件事情，那工作就太轻松了！大家以为一个小城市每年会有多少命案发生呢？这些命案当中，又有多少是属于疑难命案呢？答案是寥寥无几，我甚至能够把我工作以来碰到的命案如数家珍般罗列起来。如果法医一天到晚都只是在做尸体相关的工作，也没有那么多的尸体给法医拾掇啊！

尤其是在现如今社会秩序日益井然、治安日益良好的太平盛世，恶性案件的发生率已经越来越低。举个例子，我所在的某沿海城市，近十年来平均每年发生的命案数量在两起以下，并且全部能够得到快速侦破。不仅如此，现在命案防控的各项措施都卓有成效，有时候甚至一年一起命案都不会发生，那么这一年法医就无事可做了吗？事情可多着哩！比如，人体损伤程度鉴定。

想必大家对这项工作并不是很熟悉，甚至没听说过。人体损伤程度鉴定是法医除了尸体检验外的另一项专业职能，是对人体所遭受的各种损伤进行鉴定的过程。在法医学中，尸体这一方面称为“法医病理”，而活体这一方面称为“法医临床”。用业内的行话，法医临床的工作称为“验伤”，这大概是为了对应又区别于“验尸”。（我在这里讨论的法医的工作，仅仅局限在公安系统内，且仅仅指的是“现场法医”，关于法医更加详细的职能，我会在后文予以描述）此时此刻如果你的脑袋里有诸多疑问，那么我来尝试着一一解答。

Q：什么是法医临床学？

A：法医临床学是运用临床医学和法医学知识及其他自然科学技术，研究并解决法律上有关活体医学问题的一门学科，它是现代法医学的一个重要分支学科。它的主要任务是为刑事案件、民事案件、行政案件等提供科学依据，为相关案（事）件的诉讼提供科学证据。

从法医临床学概念中不难看出，法医的工作对象除了“尸体”，还有“活体”，活体当然就是实实在在活着的人。其实我在做法医之前，也以为法医就是研究尸体的，所以我才选择做一名法医，因为我觉得我很不擅长跟活人打交道。进了这家门才知道，法医的大部分工作都是跟“活人”相关的，让我“大呼上当”。

但不可否认的是，法医临床的工作真正体现了“法医”这两个字的意义——以医学为基础，为法律提供服务。这就是“法医”这两个字的内涵。

Q：什么情况下需要进行人体损伤程度鉴定？

A：在打架斗殴、寻衅滋事、妨害公务、家庭暴力、交通事故等各种能够使人体遭受损害的事件中，有当事人受伤，就会需要进行人体损伤程度鉴定。这些事几乎每天都在发生。譬如，有两个人吃夜宵喝酒时产生矛盾，继而大打出手，其中一方的头被另外一方用啤酒瓶砸伤了，破了个口子，流了很多血，那么这个受伤的人就可能需要进行损伤程度的鉴定。

对于遭受损伤的一方，进行损伤程度的鉴定是其权利，权利的意思是可以接受，也可以放弃，所以也有部分遭受损伤的一方不要求进行鉴定。但如果遭受的损伤比较严重，明显达到轻伤以上能够追究加害方刑事责任的，办案部门会要求其进行鉴定。从这个方面来看，法医在其中的角色更像是“服务提供者”。

Q：人体损伤程度鉴定的依据是什么？等级如何划分？

A：2013 年 8 月，最高人民法院、最高人民检察院、公安部、国家安全部、司法部《关于发布〈人体损伤程度鉴定标准〉的公告》规定，《人体损伤程度鉴定标准》自 2014 年 1 月 1 日起施行。该标准即作为法医进行人体损伤程度鉴定的依据，并沿用至今。

在《人体损伤程度鉴定标准》中，损伤总共可分为五个等级，从轻到重依次为：轻微伤、轻伤二级、轻伤一级、重伤二级、重伤一级。该标准几乎涵盖了人体可能遭受的绝大部分损伤，举一些最常见的损伤的例子，如“咬伤致皮肤破损”的损伤程度为“轻微伤”，“面部单个创口长度 4.5 厘米以上”的损伤程度为“轻伤二级”，“肋骨骨折 6 处以上”的损伤程度为“轻伤一级”，“颅骨凹陷性或者粉碎性骨折，出现脑受压症状和体征，须手术治疗”的损伤程度为“重伤二级”，“双手离断、缺失或者功能完全丧失”的损伤程度为“重伤一级”。在实际工作中，轻微伤与轻伤最为多见，重伤二级也时有发生，重伤一级的情况比较少见。

Q：人体损伤程度鉴定有什么作用？

A：法医在进行人体损伤程度鉴定后，出具人体损伤程度鉴定意见，该鉴定意见是办案单位办理伤害案件的重要依据，也是诉讼的重要证据。

根据法律规定，在一般的打架案（事）件中（可以简单理解为打架的双方均为单人），受害方的损伤为轻微伤的，双方可以进行调解，加害方只需承担民事责任。若受害方的损伤达到轻伤以上，那么加害方的行为就可能构成故意伤害罪，需要承担刑事责任。所以，法医的鉴定意见在此类案（事）件的处理中显得至关重要，某种程度上会决定处理的方向。

在诉讼中，法医的鉴定意见也会成为法庭诉讼的重要证据。例如，轻伤与重伤，同样是故意伤害罪，但在对被告人的刑期判处方面有着天壤之别。所以，法医作为鉴定人常常需要出庭，对鉴定过程的合法性、鉴定意见的合理性同参与庭审的各方进行质证。

Q：人体损伤程度鉴定的工作量有多大？

A：虽然命案不多，但各种造成人体损伤的案（事）件每年的量非常多，这项工作占据了法医大部分的工作时间。近十年以来，我所在的法医部门年均需要进行法医验伤的可以达到 800 人次以上，每年需要出具的人体损伤程度鉴定意见也达到 400 份以上。

但这项工作在各个地方也有着天壤之别。人口密集的地方这项工作的工作量巨大，人烟稀少的地区相对很少。我曾经与内陆地区的一位同行交流，他所在的县里每年的验伤任务大概也就五六十个，鉴定意见每个月大概出两到三份。而有些地方，已经将这项工作交给了社会鉴定机构，法医不再参与损伤程度鉴定的任务。

好了，这些是不是能够解决大家的疑惑呢？法医原来不仅仅是和死人打交道的工作！当然，关于验伤方面的工作，大家也许不是那么感兴趣，谁不是对那些平时难以听闻、神神秘秘的命案更加感兴趣呢？不过，法医会花费更大的精力在验伤上，在工作中也能碰到不少有趣的事情。

轻伤不轻

有时候我在验伤时，会遇到一个尴尬的问题，办案民警常常会当着受害人的面，问我这个受害人能够达到何种损伤程度。我觉得自己要是不回答显得我有些不礼貌，可要是回答了，却又有可能成为一个矛盾的开始。

有一次，大概还是在我刚参加工作后不久，我检验了一个骨折的受害人。这个受害人被打得比较狠，左小腿的胫骨跟腓骨都骨折了，其中胫骨还是粉碎性骨折。受害人在住院后的第三天进行了手术，胫腓骨打上了钢钉进行内固定。手术后的一天，办案人员带着我去医院给他验伤。

受害人的损伤显而易见，遭受的外力殴打也足以造成这样的损伤，医院的入院记录、手术记录以及影像学资料也都客观反映出了骨折。在对受害人及他的损伤部位进行拍照固定后，我示意办案人员已经 OK 了，准备离开。这个时候办案人员问我受害人的伤势怎么样。

这大概是一种习惯，因为他们想要第一时间知道损伤程度以便于下一步的办案。我没有多想，脱口而出："目前可以定轻伤。"正当我以为没事了准备离开时，受害人的几个家属突然从椅子上站了起来，冲着我大声质问："腿都骨折成这个样子，路都走不成了，还是轻伤不是重伤？"我愣了一下，才意识到刚刚自己的话被他们听到，引起了不满。

这样的事情我碰到过好几次，虽然在沟通之后大多数人可以冷静下来，但也确实可能引发一些不必要的矛盾。我在想，似乎大家对法医学中"轻伤"这个词的理解有些偏差。当然，大多数人的确不大理解法医所说的"轻伤"的含义，而这个词听起来——就是听到这个词时的直观感受——毋庸置疑会让人觉得自己所受的损伤很"轻"。所以我有必要澄清一下，大家如果听到一个法医说"轻伤"，那你所受的伤其实已经不轻了。

我前头已经说过，人体所受的损伤按照《人体损伤程度鉴定标准》一共可分为五个等级，轻伤处于中间的位置。为什么大家会觉得自己受到的伤害不应该是轻伤而应该是重伤呢？我随便列举几个应当评定为轻伤的损伤如下：

"头皮撕脱伤面积累计 50 平方厘米以上，头皮缺损面积累计 24 平方厘米以上""鼻尖或一侧鼻翼缺损""肋骨骨折 2 处以上"（其实就算 24 根肋骨全部都骨折但没有其他症状，也只能评定为轻伤）"腹壁穿透伤"（简单来说就是刀子捅进了肚子里面，但没有造成严重的脏器损伤）"半月板破裂""除拇指外的一个指节离断或缺失"……

如果我完全不知道损伤鉴定的条款，而只是站在一个普通人的角度上看，可能也会无法理解。大家都说“轻伤不下火线”，我这都已经住院治疗了，怎么还能够是“轻伤”？就像有一次我鉴定过的一个受害人，肋骨明明断了有十几根，但没有其他损伤及并发症，仍旧只能评定为轻伤，而这种伤势在普通人看来着实已经非常严重了。

让大家产生这样的误解，只能怪“轻伤”这两个字太具有迷惑性。但就像之前所说，法医鉴定的“轻伤”真的不轻。最能够支持“轻伤不轻”的一个证据，是如果法医将受害人的损伤程度评定为轻伤，那加害一方便需要负刑事责任。按照我们通常的理解，就是这个人要吃官司，要坐牢，并且会留下有前科的案底。这样来看，“轻伤”还轻吗？非但不轻，在加害人一方看来，可能还会显得有些重了——“我只是踢了他一脚，他自己没站稳摔倒了之后造成两根肋骨骨折，我就要去吃官司了吗？”——他们或许也会觉得不太公平。

老百姓觉得“轻伤”太轻还有一个理由，那就是他们可能会觉得“轻伤”的判断对他们能够得到的赔偿似乎有点不利。这个担心完全是多余的，因为法医的“轻伤”只是用来作为办案单位处理加害人一方的依据，而不是受害人一方能够得到多少赔偿的依据，这个“轻伤”对能够拿到多少赔偿几乎一点用处都没有，两者并没有什么干系。

在这里头，或许会有人将“人体损伤程度”与“人体损伤致残程度”搞混，但两者截然不同。前者的制定是基于刑法，后者的制定是基于民法；前者从轻微伤到重伤只有五个等级，后者从伤残一级到伤残十级总共有十个等级；前者的鉴定一般只接受如公安局、国安局等公家单位的委托，后者既可以由公家委托也可以由私人委托；前者的应用范围很窄，大多数都是针对伤害案件，后者的应用范围比较广泛，包含了交通事故伤残鉴定、医疗损害伤残鉴定、工伤事故伤残鉴定等；前者操作起来会更加严格，如果是模棱两可的损伤，可以被定为轻伤也可以被定为轻微伤，那一定只会被定为轻微伤，而后者的尺度相对来说会松一些；前者的结果主要服务于办案及诉讼——是给公家服务的，后者的结果主要应用于确定赔偿数额——是给私人服务的。

所以，关于该如何赔偿，并不是由检验轻重伤的法医决定的，不用担心“轻伤”听起来好轻。应该得到多少赔偿，自有其他的标准予以权衡。

最后，我想起来一些有趣的事，有些受害者在对我的“轻伤”鉴定表示怀疑之后，会对我千叮咛万嘱咐，要我一定把他的损伤鉴定为“重伤”。那么让我们来看看真正的重伤是怎样的吧——“脊髓损伤致重度肛门失禁或者重度排尿困难”“一侧眼球萎缩或者缺失”“肺破裂，须手术治疗”“双侧睾丸损伤，丧失生育能力”“一手食指和中指全部离断或缺失”……这些还算是重伤中比较轻的重伤二级。重伤一级的画面是这样的——“植物生存状态”“重度智能减退或者器质性精神障碍，生活完全不能自理”“肺损伤致一侧全肺切除或者双肺三肺叶切除”“肾功能不全（尿毒症期）”“双手离断”……

跟这些伤比起来，两根肋骨骨折还算“重”吗？这也是区分轻伤与重伤的重要标准之一——轻伤尚未危及生命，而重伤已经危及生命。

说到底，“轻伤”或者“重伤”都只是用来在法医学的范畴内区分损伤严重程度的名称，或许某些损伤看起来与“轻伤”或者“重伤”的字面意思不符，但这样的界定方式，依旧是目前的最优解。

现在的我再回想起那时候的自己，有问必答，的确单纯，仅仅在第一次检查之后就当着当事人的面说出损伤程度，是不明智的选择。现在我学“坏”了，如果还有人当场问我，我一定会说：“这个伤我需要回去讨论研究一下，具体的损伤程度以我的鉴定意见为准。”

虚假伪装、造作自伤，防不胜防！

我以前还不太愿意相信“受伤的当事人来验伤会有欺骗行为”这件事，大多数到我这里来的人都是受了伤的一方，用大众的话来说是，处于弱势的一方，多少能够博得一些同情。不过，后来我接二连三碰到了几个案子，他们的隐瞒、欺骗行为让我直呼防不胜防。

案例一

某天，A 正骑着电动车去菜市场买菜，在经过一条窄路时，她没注意到自己的身后有一辆小汽车正要超车。路太窄，两边的电动车与行人又很多，虽然小汽车很慢很谨慎地前行，但在超过 A 时还是不小心碰到了 A 的电动车，差点把 A 撞倒。汽车也感觉到了碰撞，停了下来。

驾驶员将副驾驶的车窗摇下来，看了看被撞到的A，询问她有没有受伤。A不假思索地说自己受了伤，要赔钱。可驾驶员一看对方生龙活虎的样子就不像有什么事，便说自己可以赔200元。

“200元哪够？”A停下电动车，走到驾驶室边与驾驶员理论了起来，厉声厉色，一定要对方赔偿1000元，否则就报警。

其实这本是一起普通的剐擦事故，从视频看来，双方只是轻轻碰到了一下，加上汽车的车速非常慢，无论是A还是汽车都没有什么大碍。不过见有车撞了自己，A当然想多要些钱。这个时候汽车驾驶员有些不耐烦了，他做了一个错误的选择，就是想自顾自开车离开。A当然不肯，拉着驾驶室的窗沿不让他走。意想不到的事情发生了，在汽车缓慢前进的过程中，A突然倒地，痛苦地号哭起来。围观的群众越来越多，有人开始指责汽车驾驶员，也有人开始询问A哪里受了伤，还有人帮忙报了警。

两天以后，办案民警发给我一张医院的CT诊断报告，问我诊断报告上的损伤属于什么程度。此时此刻，我尚不知道具体的案发经过，只看到诊断报告上写着“左第1、2、3楔骨骨折内固定术后，左骰骨骨折”。我说这个损伤可以达到轻伤，但我需要看伤者做手术之前拍的片子。办案民警说那先去看看还在医院里躺着的伤者吧。我同意。

在去医院的路上，我从办案民警那里了解到前面所说的案情，办案民警也告诉我，据A陈述，她是被汽车轮胎压到了脚导致的骨折。我心想这样的确可以引起此类型的骨折，但同时心里也有一些疑惑。我以前见过不少骨折后需要做手术进行内固定的人，但A似乎有些不同寻常。一般来说，大多数伤者在骨折发生后都需要等上几天，待受伤部位消肿了才能动手术，而这个人在受伤隔天拍的片子就已经显示完成了内固定，难道她的脚被压到之后一点也没有肿起来？

在医院，伤者 A 的陈述与之前她跟派出所陈述的并无二致——被车压到脚之后导致骨折。而此时，她的脚的确被纱布里三层外三层包裹得严严实实，还用石膏托固定着。我问她做手术之前有没有拍片子，她说病历都在医生那里。然而我在查看病历时，并没有看到做手术之前拍的片子。我很奇怪，难道医生不用拍片子就知道她脚骨折了，还精准无比地知道骨折的具体部位并做了手术？我想询问她的主治医生，但被告知医生正在做手术，不知道什么时候回来。我又想找医生帮忙把 A 脚上的纱布打开来看看受伤部位的情况，但在当事人的强烈反对之下，也没有做成。

办案民警问我伤势如何，我说医院不可能没拍片子就动手术，我必须要看到做手术之前的片子。于是我们辗转到了医院的放射科，想调阅 A 所有的影像学资料。让我感到不可思议的是，这次受伤之后，她的确只拍过一次片子，而且片子上显示脚上的确打了钢钉。不过，紧接着，我发现她这两年陆陆续续一直在拍片子，而且部位都是脚。我打开她前几次的片子，答案出现了。并不是她这次手术之前没有拍片确诊，而是她左脚上的钉子，已经伴随了她两年！影像库中的数据显示，两年前她的左脚便受了伤，那时已经做了内固定手术。两年过去了，她一直没有再做手术将钢钉取出来！我也终于看到了她打内固定之前的那张 CT 片与报告单，上面写着“左第 1、

2、3 楔骨骨折，左骰骨骨折”。

之后，我们又去医务科调取了她两年前的就诊病历，里头有她的手术记录——一场两年前的手术。而这一次，她便想借题发挥，用“左脚动了手术”这件事讹上对方一笔。她不光欺骗对方，还欺骗了办案民警，甚至想欺骗法医。只是，法医是那么好骗的吗？

案例二

还有一个案例与前头的事情差不多，也是一次让我惊出冷汗的经历。

一个周末，轮到我值班，上午便有办案单位打电话过来，说要带一个打架斗殴的受伤人员来验伤。案件是在前一天的夜里发生的，地点是在一个工地上，工友两个人因为一些小事打了起来，其中一个人用拳头在另一个人的脸上打了一下，导致对方颧骨骨折。

办案单位查明的案发经过就是如此，双方的证言也都一致，受伤一方说脸上被打了一拳，打人一方也承认自己用拳头在对方脸上打了一拳，一边还有目睹整个打架过程的其他人也都印证了他们的说法。

来验伤时，办案单位提供了受害者前一天晚上的门诊病历及拍摄的头部 CT 影像胶片。门诊记录是这样记载的：

主诉：被人用拳头殴打面部致疼痛 1 小时。

现病史：患者 1 小时前被他人用拳头打伤面部，当时即感面部疼痛，无头晕呕吐，无昏迷史。

既往史：无。

体格检查：神志清，对答可，查体配合，双侧瞳孔等大等圆，直径3mm，对光反射可。左面部红肿、压痛，张口稍受限，余无殊。

辅助检查：CT示左颧弓骨折。

初步诊断：左颧骨骨折。

建议：住院治疗。

这应当算是一份比较完美的病历记录，病史与症状体征都很明确。我拿起CT影像胶片，查看颧骨骨折的情况。我核对了CT片上的就诊信息，姓名与伤者姓名一致，拍摄时间为前一天夜里11点23分，没有错误。CT片非常清晰地显示了伤者左侧颧骨处的骨折，完全断裂，还有些错位，甚至能看到左面部软组织的肿胀。

我检查了一下伤者受伤的地方，左面部相对于右面部的确稍显红肿，有明显的压痛，甚至能够看得出左面部与右面部有些不对称，显然颧骨的骨折让左面部的形态有些许变化。

一起伤害案件，办案单位所查证的案情清晰，有明确的外伤史，受伤后医院的就诊记录有详细的症状体征及客观的影像学诊断，再加上法医学检验也能够与前面所有的资料相互印证并且吻合——一次法医损伤程度的检验鉴定，至此已经比较明确，就目前来看，将这名被鉴定人的颧骨骨折评定为“轻伤二级”完全没有任何问题。

出于各种原因，办案单位希望我在当天下午就出具鉴定意见，以便于他们办案。我在一些压力之下，加急出具了鉴定意见，办案单位也根据这份鉴定意见将案件立为刑事案件，对打人的一方采取了刑事强制措施。

我原本以为这只是一起再普通不过的伤害案件，也只是一起再普通不过的损伤检验鉴定，对于伤者所受损伤出具的鉴定意见也没有什么问题，但三天之后，我接到办案单位的电话，着实让我捏了一把汗。办案单位在电话里告诉我，这次鉴定有问题，他们把案件撤销了。我心里咯噔一下，立马仔细将整个验伤及出具鉴定意见的过程在脑海里过了一遍，但并没有发现什么问题。办案单位继续说，打人者的妻子来到派出所反映了一个问题，说受伤的这个人在被打之前的两三天曾经骑摩托车摔倒过，当时也去医院看了，打人者的妻子认为那人脸上受的伤是几天前的车祸造成的。办案单位于是去了医院，果然在被打的前两天，伤者也到同一家医院就诊过，当时也拍了头部的 CT，并且诊断同样为左侧颧骨骨折！

我挂了电话，觉得非常不可思议。我将这件事的来龙去脉捋了捋：伤者因为骑车摔倒导致左颧骨骨折，两天后与人打架正好被人打在了同样的位置，便顺水推舟将左面部的伤势归咎于打架，这样一来，原本自己摔倒造成的伤就变成了别人打出来的，自己也能够顺理成章地从打人者那里得到赔偿！我倒吸了一口凉气，瞬间觉得脊背发凉，天下竟然还有这样的事！

我立马要求办案单位调取伤者自己骑车摔倒后的就诊病历及拍摄的影像片。我将两次的片子一对比，骨折的位置和形态一模一样！也就是说，伤者左面部的损伤千真万确是自己摔倒造成的，而不是打架造成的！我的心拔凉拔凉的。

但这大概又是法医验伤过程中不可避免的一个极大的风险点——我们应该如何知道伤者所受的损伤究竟是不是这次事件造成的损伤？

譬如骨折，相隔时间长的骨折，通过骨痂是否生长、软组织是否肿胀，尚且都能够判断新旧。但像这起案件中的情况，前后两次外伤的时间仅仅相隔了两天。两天的时间，骨痂还没长，受伤部位的软组织肿胀也尚未消退，那该如何去鉴别骨折到底是哪一次造成的呢？案例中提到的情形尚且还有就诊记录可以查明真实情况，若是伤者在摔倒后没有去医院就诊，却是在被打之后再去医院检查出颧骨骨折，又该怎么处理呢？是不是就真的错把一次不该归咎于打人者的责任全都推到他身上呢？赔钱是小事，可能还要错背上一辈子的劣迹。然而现实生活中的确有这样的“有心人”，在自己不小心受伤之后，故意跟人打架，然后假装自己原本就有的伤是被别人打出来的，以谋取赔偿。

果然防不胜防！

案例三

前头两个都是隐瞒自己的病史，将自己原有的损伤假说成被人打伤，通过欺骗来达到自己受偿目的的例子。法医工作中碰到的远不止于此，有人伪装疾病，也有人通过病历来作假。

某天，派出所一名民警委托了一例伤势鉴定，受害人在与人争执的过程中被打了耳光，造成鼓膜穿孔。根据目前的鉴定标准，鼓膜穿孔需在6周后复查，若没有自行愈合，便是轻伤二级；若已经愈合，便是轻微伤。办案人员携带委托书、原始伤情记录表及病历材料，陪同受害人一同前来。根据办案人员提供的病历，受害人第一次检查出鼓膜穿孔是在打架当天，最近一次检查是在前一天，与第一次检查已经相隔42天，这次的耳内窥镜检查报告单诊断意见栏打印着“右耳鼓膜见穿孔”。

似乎诊断非常明确，鼓膜穿孔42天仍未愈合，应该评定为轻伤二级。只是在对办案单位提供的病历资料进行审查的过程中，有一个地方让我很在意。伤者最近的一份耳内窥镜检查报告单的诊断栏中，“右耳鼓膜见穿孔”这几个字的排布有些奇怪，在“膜”与“见”之间有一点小小的空白。因为是复印件，本身就不是很清晰，如果不注意，完全会把这个小空白漏失。

我从来没见过这样的病历，诊断的一行字中间突兀地出现一个空白。我询问办案人员，这份病历是哪里来的，办案人员说是根据受害人提供的病历复印的。我便让受害人将这份病历的原件提供一下，他说原件没带，自己也只带了一张复印件。毫无疑问，这张复印件的诊断处也有同样的一块空白。办案人员就是将这张复印件再次复印，提供给了我。我要求受害人提供报告单的原件，受害人却说原件已经遗失。

我决定去趟医院找医生，看一看这个人当时的就诊记录。好家伙！他以为他做得天衣无缝可以瞒天过海，没承想碰到个较真儿的法医！我在医院看到的真正的诊断，与受害人提供的并不一样。我也顿时明了，在“膜”与“见”之间还有一个字——“未”。不仅如此，在这句话的后面其实还有半句话——“穿孔处已愈合”。所以，完整的、真实的诊断应当是“右耳鼓膜未见穿孔，穿孔处已愈合”。这与受害人提供的病历上的诊断真是天壤之别。

办案单位在得知这个消息后，立刻去找了那个受害人，并在他家里找到了那张原始的诊断报告。原来，受害人在得到了某个“高人”的指点后，知道鼓膜穿孔 42 天没有愈合才能定为轻伤，可自己的已经愈合了。怎么办？改报告！于是他将诊断中的“未”字，以及“，穿孔处已愈合”这句话全部用小刀刮掉，然后自己复印了一份，将复印件提供给办案单位，谎称鼓膜穿孔还没愈合，以达到提高自己的损伤程度的目的。

现在再想起这件事，我依旧有些后怕，要不是当时仔细一点，去医院跑了一趟，那自己或许就做了一次谬以千里的错误鉴定，甚至可能会因为自己工作不细致不认真而被套上个“玩忽职守”的罪名，一辈子都不能再做法医了。不光是纸质病历能够伪造，甚至影像学的原始数据都能够被篡改。

在工作中，法医但凡觉得某些资料有问题，就必须要对办案人员提出，让他们去核实。如果觉得麻烦了人家或者还是不放心，那就自己去医院，不要怕跑腿。都是血淋淋的教训，法医必须谨小慎微。因为相关规定明确规定，鉴定机构受理鉴定时，应核对检材和样本的名称、数量和状态，了解检材和样本的来源、采集和包装方法等。这里规定的，就是法医在接收检材时，必须要审查，这也是一个法医的义务，否则便是对鉴定的不负责。

案例四

上面说到要么伤是假的，要么病历是假的，虽然有时候可以以假乱真，但毕竟谎言腿短。不过，万一碰到个“真正的”损伤再加上“真正的”病历呢？真正的狠人，是对自己都能下狠手的人！

那已经是好几年前的事情了。在一次打架斗殴事件中，其中一方大概是杀红了眼，打着打着冲进了一家水果店，从里头抢了一把水果刀，紧接着冲出来就往打架的另一方身上砍过去。很不幸，对方被砍中了。这应当算是一起非常恶劣的案件——持械伤人。

第二天，我被叫至医院对被砍伤的人进行验伤，他的左肩部有一条大概长 11 厘米的缝合口子。

“怎么受伤的？”我照例向受害者询问受伤的过程。

“对方拿了把刀，在我肩膀这里划了一刀，还好刀断了，不然我命都没了！”受害者的语气既有些惊魂未定又显得怒气冲冲。

“就这一处伤口对吧？”

“这么长的一处伤口还不够？”

我被对方反问得哑口无言，但只是想确认他身上还有没有其他受伤的地方。在经过了解之后，受害者表示肩部的这一处伤口就是被刀划伤的，到医院之后医生给做了缝合。

我看了医院的病历，确定受害者在到达医院时肩部的创口是 11 厘米长，医生并未做扩创处理。受伤的过程、损伤、医院的病历都非常明确，那么肩部的创口可以达到轻伤二级的损伤程度。

在委托材料齐全后，我已经着手出具鉴定书，但事情在这个时候出现了转折。在检验受害者时我拍了好几张缝合伤口的照片，此时需要从其中选择一张最理想的照片粘贴在鉴定书上。然而我在选择照片时，发现了不可思议之处——在创口的一端，平行于创口的位置有几处细小的皮肤划伤。划伤很小，如果不仔细看的话很容易错过，当时在医院检查伤口时大概出于灯光或者其他原因，我并没有注意到这几处小划伤。照片上的比例尺显示，划伤长 2 厘米左右。

我感到有些紧张。如果只是砍了一刀，那么这些划伤是如何形成的呢？情况或许有些糟糕，在搞清楚之前，这份鉴定书我得暂时放一放。我让办案单位陪同着一起去了一趟医院，询问了当时给受害者做缝合的医生。医生说他当时也看到了这几处小划伤，但并没有过多在意，这些划伤对治疗的手段没有任何影响，并且划伤非常浅，所以也没有写到病历中。我问他缝合的那条创口是否有不同寻常的地方。他仔细回忆了一下，告诉我们伤口的确有些奇怪，一般来说创口都是中间比较深，两端会浅一些，但这个人的口子一侧比较深，就是有划伤的那一侧，其他地方的深浅比较一致，在探查的时候，那一侧的创腔与其他地方的创腔并不是平整的。我心里有个想法，并为之感到愕然。

在办案单位的询问下，受害者也交代了自己的所作所为。他与对方一直有很深的矛盾，也早就想让对方吃些苦头，而这是一次很好的机会，对方竟然在光天化日之下持刀砍人。然而很不巧的是，他发现自己肩膀上被砍的口子只有八九厘米。他查过资料，10 厘米才能够得上轻伤，这样对方不光可能会坐牢，而且自己也能够得到更多的钱。而八九厘米只能是轻微伤，对对方的处罚显然也将非常轻微，那自己这个苦岂不是白白承受了？他越想越气，于是在到医院之前，他自己又另外找了一把刀，硬生生把自己肩膀上的口子扩大了 2 厘米，然后才心满意足地去医院治疗。只是他的阴谋非但没有得逞，他反而要为自己的行为承担法律责任。

在 2014 年以前，我记得见到最多的伤是鼓膜穿孔（2014 年以前，只要有鼓膜穿孔，便可以直接评定为轻伤）。受害者会用针等尖锐的物品，将自己的鼓膜刺破，以达到被鉴定为轻伤的目的。但这同样逃不过法医的眼睛，钝性的间接外力与锐性的直接外力造成的鼓膜穿孔的形态根本不一样。更有甚者，有些人会联合其他人一起伪装、造作损伤，这种手段更加隐蔽。

“法医，我的头发被揪掉了！”

有时候，我也会碰到一些让我啼笑皆非的事。

比如有一天，有个民警带了一个伤者来我这里看伤。他们刚走进门，我就发现气氛有点不对，民警眼睛里写满了无奈，而伤者看起来，情绪似乎有些激动。

刚走到我的办公桌边，民警就连忙对我说：“昨天两个女的打架，这个女的说被对方揪掉了一撮头发，一定要来法医这里验伤。”我从民警的话里听出一些歉意。

我以为我听错了，没等我说话，那个伤者就开口了：“法医你看，我这里，头发是不是没有了！就是被扯掉的，现在我这里头皮上都没有头发了，变成秃子了，你说多难看！”说着她还拿起了手机，给我看昨天掉下来的一撮头发的照片。

我看了一眼她手机里的照片，果然有一小撮头发被她拿在手里，终于明白了过来，感到有些不可思议，头发被揪掉了？这还是我第一次看到因为这种“损伤”前来验伤的。

但我还是忍住了，从我的脸上应该看不出任何情绪和表情的变化。我看了看这名伤者，头发的确不错，黑长直，发质看起来也很好，营养丰富，泛着光泽，平时应该没有少打理。我估摸着这人应该挺宝贝她的头发的，所以才会气不过，一定要来验伤。你说平常人被揪掉了一点头发哪里会动那么大气？

不过人家来都来了，我总不能说“头发被揪掉了是不评损伤程度的，你还是回去吧”这样的话，这只会让人家觉得你法医怎么不作为呢？有伤不看，有求不应，伤者很有可能立即将矛头指向法医。所以我也只好硬着头皮给她看个“伤”了。

我戴上手套，让她坐下，开始给她检查。

“哪里的头发？你指给我看看。”

她指着左边耳朵往上一点的地方，扒拉了几下头发，告诉我“是这里”。

我说“行，你的手拿开，我来看”。于是我用手捋了捋她的头发，寻找着到底哪里的一撮头发被揪掉了。果然，在左颞顶部前侧，我发现了一小块光秃秃的头皮，大概1厘米见方的样子。我问她“这里疼不疼”。她说“就是那里，有点疼的”。

我说“行，那你别动，我给你拍张照片，这里的确有一点头皮没有头发，不过头皮还好，没有看到出血”。

我拍了照，又给她看了看我拍的照片。只听到她说："哎呀怎么办呀！头发都没有了，丑死了，都没脸见人了。"

我问她还有没有其他地方受伤，她说"没有了"。我便跟派出所的兄弟说"行，那就这样，照片我也都拍好留档了"。

正要走，那个伤者问我这算是什么伤。我说按照损伤的条款，这评不了伤。我又指了指桌上的一本损伤条款的书，说条款就在这里，网络上也可以查得到原条款，的确没有关于头发的条款。听完我说的话，伤者只好悻悻地离开了，不过情绪比来的时候要好多了。

我倒是觉得更加好笑了，不过也情有可原，有些人对自己的头发视如珍宝，每天都要花很多时间打理、搞发型，每隔一段时间还要去店里做保养。有一天突然头发被揪掉了，甚至可能在争执过程中被人剪掉了，想想留了很多年的头发就那么没了，的确心痛得很！不过实在可惜，这是个就算找了法医也解决不了的问题。

除了头发，还有一些问题找法医也是一无用处的。指甲比头发更容易受损。有些人对指甲也万分在意，各种修理加美甲，花了很多心思又花了很多钱，万一在打架的时候长长的指甲被人扯断了，长长的美甲变"秃"了，感觉瞬间变得很难看，那也是欲诉无门。对了，男人也有自己独有的东西——胡子，一把大胡子，有些人甚至还会给自己的胡子买保险，那是他们的标志。有些人还会不惜代价给胡子做保养，要是被扯掉了，同样不能算是损伤。

这些东西虽然都是人体的一部分，如头发可能也承担着一些保护头部的功能，但都不能评定损伤程度，就算是真的满头秀发被剃光，也没有办法。

但不同于头发、指甲这类与“美观”联系更紧密而与“功能”没有太大关系的“损伤”来讲，有一种与功能相关的损伤在法医鉴定中并没有相应的条款——嗅觉。

春暖花开的时节，和暖的阳光照射在大地上，小草发了新芽，绿叶满了枝丫，五颜六色的花探出它们的小脑袋，装点着大地，清晨出门闻着花香，还想睡回笼觉的我会被这花香拂醒；傍晚下班，最期待的就是父母准备的一桌可口的饭菜，只要一闻到饭桌上的菜香味，一天的疲惫也都烟消云散。色、香、味，这三者缺一不可，只有三者完美地互相搭配，食物才能够给人带来充分的满足感……嗅觉总能够带给我们不一样的惊喜体验。

嗅觉也兼顾着保护人体的作用，这一点做法医的一定深有体会。不少有毒有害的气体都有自己独特的气味，如硫化氢，高中化学老师会告诉我们，这种气体拥有非常特殊的臭鸡蛋味。与我们的生活更加贴近的是钢瓶装的家用煤气，煤气中含有无色无味的一氧化碳，煤气泄漏极易引起一氧化碳中毒。所以在制造煤气的过程中，会加入另外一种叫甲硫醇的物质，甲硫醇在浓度极低时便会发出极其刺鼻的让人不愉快的味道，所以只要一闻到这个味道，我们就知道肯定是煤气泄漏了。再如很多食物在变质之后也会散发出不一样的味道，若是想要初步判断一盘菜有没有变质，那肯定得凑近了闻一闻。还有正在烹煮的食物若是散发出焦味，那就是在提醒我们煤气灶上的火还点着呢，可别忘记了。这些都是嗅觉在保护我们。

嗅觉若是丧失了，对于普通人来说大概就是闻不到花香、闻不到菜香，当然也闻不到腐臭、焦臭。这听起来似乎也不错，我闻不到中药的苦味就不会反胃了。这对法医似乎还是一个福利，闻不到尸臭味，那在检验尸体的时候就好多了。可是，真的好吗？当然不是，闻不到这些臭味，我就会毫无顾忌地把这些气体吸进我的肺里，然后它们便会肆意破坏我的身体。所以，虽然能够闻到臭味让我不愉快，但若是闻不到，我就如同盲人一样看不见眼前的危险。的确，失去了嗅觉，有时甚至会让我们置身于死亡的境地而不自知。

这样看来，嗅觉对于我们人类来说的确非常重要。那么，如果在打架斗殴中，一方被另一方殴打导致嗅觉丧失可以评定为何种程度的损伤呢？这样的案子发生过，我见过好几个因为鼻子被打最后导致嗅觉丧失的案例。很遗憾，我没有办法给他们评定伤势，因为没有关于嗅觉的条款。唯一能够扯上关系的只有一条：脑神经损伤引起的相应神经功能障碍。然而，嗅觉作为我们所有的感觉中最为神秘的存在，人体到底是如何识别和记忆气味的，原理到目前还不得而知。传导嗅觉的通路也不是只有嗅神经，所以，不少嗅觉丧失的案子最终都没有得到损伤程度的评定。

我大概知道为什么不把嗅觉丧失写进条款，因为嗅觉非常主观。我可以说这朵花香，也可以说这朵花臭；我可以说摆在我眼前的这杯液体是酒，也可以说它是醋。甚至，我可以说我完全闻不到任何东西的任何味道。仅凭着主观的描述就定一个损伤程度，若是没有客观的证据支持，这个判断断然是不严谨的。

但嗅觉毕竟不同于头发、指甲，它对一个人的作用显然更大。或许以后随着对嗅觉的研究越来越深入，有一天我们也可以像评价一个伤口的损伤程度一样，评价嗅觉的丧失。

假体损伤

随着医疗水平的不断进步，各种各样的人造假体也越来越多，如义眼、义齿、人工颅骨等。这些假体在人体本身的组织器官丧失功能时被植入人体，替代原来的组织器官，从而使人体继续保持一个完整的机能。当然，还有一部分假体的作用是使人变得好看，如鼻假体，就是在鼻部植入某种材料使鼻部隆起，以达到改善容貌的目的。

随着人工假体运用得越来越广泛，一些问题也随之出现，与法医联系最密切的是，如果打架不小心把假体打坏了该怎么办。

我曾经看过这样一起打架斗殴的事件，被打的是一名女性。办案民警带着受害人来我这里验伤时，我第一眼就看出受害人的鼻子有一点扭曲，偏向了一边。我当时觉得伤得肯定不轻，鼻骨很可能有严重的骨折。不过奇怪的是，CT 片拍出来鼻骨完好无损，并没有骨折！

我询问受害人受伤的过程。受害人说对方打了自己的鼻子一拳，经过非常简单。我说，你的鼻子歪得很明显，竟然没有骨折。她说是的，她去医院看了一下，医生说是鼻子里面的填充物被打坏了。这话我听明白了，原来她做过隆鼻手术。办案民警问我这个要不要紧，算不算伤。我说不行，隆鼻的填充物坏了并不能评伤，连鼻血也没有流，那轻微伤都算不上。

很显然，这是一起植入物被打坏的案例。有人会有疑问，鼻子都被打歪了，影响了容貌，为什么不能给她定伤呢？这就要从人工植入假体的作用说起了。

如前所述，植入假体一般有两种作用：一种是代替人体原来组织器官的作用，这种假体承担了一定的功能，如人工颅骨替代原先的颅骨，起到的是保护大脑的作用；人工髋关节替代原先的髋关节，起到活动髋部的作用……这些假体保障的都是人体最基本的功能，保障人体的正常生存与活动。植入假体的另一个作用就是让人变好看，如隆鼻、隆额、隆胸，这些植入假体并没有起到替代作用，就算没有这些假体，人也可以正常生存。这就是分辨如果假体受到损害，是否需要评定损伤程度的关键。

后者肯定不能评定损伤程度，因为在《人体损伤程度鉴定标准》的附则 6.13 中有这样的规定："本标准所称的假体是指植入体内替代组织器官功能的装置，如：颅骨修补材料、人工晶体、义眼座、固定义齿（种植牙）、阴茎假体、人工关节、起搏器、支架等，但可摘式义眼、义齿等除外。"

从这条规定可以看出，不光整形美容的植入物不能进行损伤程度鉴定，可以摘除的义眼、义齿也不能进行损伤程度鉴定。在平时的工作中，碰到的比较多的情况便是义齿的损伤。如今，牙齿在损坏之后选择安装义齿的人越来越多，所以打伤义齿的情况也越来越多。有些人选择将人工牙植入颌骨内替代原来的牙，即种植牙，这种牙与原来的牙非常相似。另外一部分人选择的是可以摘除的义齿，保留了一部分天然牙，而将义齿固定在天然牙之上。

简单来说，种植牙直接种进了颌骨之中，已经相当于人体的一部分，所以受伤了之后，就像是原先的牙受伤一样，需要评定损伤程度。可摘除式义齿就不一样了，它可以随意被装上去或者拿下来，并没有成为人体的一部分，而更像是一个辅助人们咀嚼的“物品”。可摘除式义齿的作用更像是我们司空见惯的东西——眼镜，一个是辅助咀嚼，一个是辅助视物，有谁会给一副被损坏的眼镜进行损伤程度检验呢?

拯救发际线

步入中年，我发现身体真的是一天不如一天，同年轻的时候比简直就是两个身体。有时候自己不禁感叹，我也到了一熬夜就头晕眼花、一到晚上十一点就迷迷糊糊睁不开眼、中午不睡会儿下午就困成树懒的年纪了。虽然我已经喝枸杞黄芪好多年，但还是阻挡不了岁月在我身体中肆意摧残。年纪越来越大的征象体现在我身体的各个方面，如腰背酸、关节痛、肠胃弱、眼迷蒙。一开始其实我都还没有注意，直到有一天，一个人说我怎么这么老了，发际线都退后了好多，我回家一照镜子才发现，天啊，我额头的面积已经这么大了吗？这时候我才注意到，沉迷工作这么多年，自己已经快老成一张旧报纸了！

不过说到发际线，作为一名法医，我又要开始想一些乱七八糟的事情了。话说这个发际线问题，一直让我耿耿于怀。

有一天，我同往常一样值班，在法医门诊等着“生意”来找我。果不其然，派出所的电话来了，说是有一个人脸上被水杯砸出了一道口子，已经缝好了，一会儿要带过来给我验下伤。我还是比较喜欢这种只有伤口的验伤的，因为大多数情况下，只需要量一下伤口长度就能够确定损伤程度——简简单单，直截了当。我说“好吧，来就来吧”。

万万没想到，这竟然又是一次颠覆我认知的验伤经历。当受伤的人走进门诊室，我就隐隐地发觉似乎哪里有点不对劲。这名受伤者的伤口位于额头，是一条纵行的口子，已经缝合，周围的血似乎也已经擦干净了。有口子就要测量长度，我拿出比例尺，贴在伤口的一边，6.4 厘米。依照《人体损伤程度鉴定标准》，面部的创口只要达到 4.5 厘米就可以评定为轻伤，6.4 厘米已经超过 4.5 厘米，看来是个妥妥的轻伤。

可是我眼前的这个人有着不同常人的地方——他的发际线特别靠后，露出了前头的一大块原本属于头部的皮肤。于是，较真儿的时候来了。

关于皮肤创口的长度，在头部跟面部有着完全不同的标准。在面部，创口长度只要达到 4.5 厘米即可评定为轻伤，而在头部，这个长度需要达到 8 厘米，两者相差不少！可是，头部皮肤跟面部皮肤是连在一起的，既然两者的评伤标准不同，就必须对两者进行严格的区分，也就是两者必须有一个分界线，这样才能对照各自的标准进行损伤程度的评定。

于是，在《人体损伤程度鉴定标准》的附录中便对面部皮肤与头部皮肤的分界线做了明确的规定：“面部的范围是指前额发际下，两耳屏前与下颌下缘之间的区域，包括额部、眶部、鼻部、口唇部、颏部、颧部、颊部、腮腺咬肌部。”标准严格规定了前额发际线以下的算是面部皮肤，发际线以上的算作头部皮肤。简单来说就是，不长头发的是面部，长头发的是头部。

但不是每个人的发际线都一样，尤其是像我一样发际线已经到了无法拯救的地步的人，发际线简直远到了天际！譬如我眼前的这个伤者，他的发际线就成功让他的面部皮肤增加了不少。

这下该怎么办？按照标准来说，发际线以下的都是面部皮肤，能不能给他算轻伤？当然不行！如果这样都能算轻伤，那我肯定去做个古代的发型！同样的位置，同样5厘米长的创口，没长头发就是轻伤，长了头发就是轻微伤，这法医验伤也太随意了！

像这样的情况，便不能再根据发际线来给他的面部皮肤跟头部皮肤进行分界了，“面部三分法”该闪亮登场了。一般来说，正常人从发际线至眉线、从眉线至鼻底线、从鼻底线至颏下缘线这三个部分的长度是一样的，各占面部长度的三分之一。于是，我们只需要将眉线至鼻底线及鼻底线至颏下缘线的长度测量出来，然后自眉线向上量出与之相同的长度，便可以知道此人原本的发际线应当是在什么位置。当然，你也可以按照这个方法测量一下自己，看看自己的发际线已经退后了多少。

看到这里，或许有人会说法医是不是太较真儿了，这么一个小小的方面都要思前想后、考虑再三。要我说，在法医的日常工作中，值得推敲争论的事多得就像春天的细雨一样数不胜数，有时候看似不起眼的地方说不定就能碰擦出燎原之火。法医都是这样的，经常为了0.1厘米也要争得面红耳赤，因为法医容不得有毫厘之差。这是作为一名法医的基本素养，为了客观与公平应当追根究底。这就是妙趣横生的法医工作。

瞧见没有，就算我发际线已经退到了让我震惊的位置，我想到的竟然还是工作，果然是沉迷其中无法自拔，也难怪我傲娇的发际线要一退再退了，因为它发现了，我根本就不在乎它！不行，还是要抢救一下，不然我这该死的颜值就真的要无处安放了！

第四节 — 4

法医感悟

看惯了死，看透了生

曾经有不少人问我，见过那么多的死亡，是不是对生命的感觉变得麻木了，是不是看到有人死亡也觉得不是什么大不了的事情而心无波澜了。我总是告诉他们，虽然我经历了数不清的死亡，但我从不敢对生命有一丝怠慢。恰恰相反，见过了那么多生命的逝去，我越来越觉得生命的美好与可贵，也越来越觉得生命的脆弱与易逝。我依旧对生命充满了热爱与敬畏，依旧会为每一个逝去的灵魂悲恸与祈祷。

法医这个职业，能让人的心变得柔软。

我曾经见过去菜市场买菜后却找不到回家的路的老人，夜晚睡在田垄边冻死的；见过抱着孙儿的奶奶，指着不远处的爷爷，教孩子叫爷爷却没有注意身后正在倒车的工程车，被卷入车轮双双殒命的；见过酒喝多了，走到河边想要解手却不小心坠入河中溺亡的；见过装空调的师傅，在工作时从高处坠亡的；见过远赴他乡只为见恋人一面却被无情拒绝而选择结束自己生命的；见过许多的抑郁症患者，在春暖花开的季节，永远地闭上了他们的眼睛……

也许在昨夜，他们还与自己的家人共进晚餐；也许清晨，他们还送自己的孩子去上学；也许他们还在想着今晚回家要买什么菜，或者想着工作上又遇到了什么麻烦，或者，今天的课间，要和小伙伴分享什么有趣的故事。可是生命，却在一瞬间，定格了——再也不会和家人共进晚餐了，再也不能送孩子去上学了，再也不会在菜市场讨价还价了，再也不会在课堂奋笔疾书、在课下与伙伴们嬉戏打闹了。

一年除夕，母亲同尚未娶进门的儿媳在家张罗了一天，准备年岁末最重要的一顿饭，虽然家境不是很好，可两人还是准备了满满一桌菜。下午四点，儿子打来电话，下班了。母亲于是骑上电动车，去儿子打工的厂里接他。一年到头，团团圆圆，等的就是这一刻啊。不曾想，意外在母亲接到儿子后回家的路上发生了，一辆汽车由于驾驶员的失误，开到了非机动车道上，撞上了这对母子的电动车。母子两人，最终都未能抢救成功。而家里的姑娘，等了很久，等了很久，等到的，却是躺在医院病床上，已经永远不会再跟自己说一句情话的恋人，和他的母亲。

一年暑假，在外地做生意的父母因为生意繁忙，便将孩子放在了外公外婆家。孩子三岁多了，正是好奇与好动的时候。一天清晨，外公像往常一样很早就去了自己的小店。早上七点多，孩子还在睡，家里还有孩子的舅舅、舅妈，也还在睡着。外婆没有叫醒同自己一起睡的孩子，也没有叫醒自己的儿子和儿媳，独自一人上街买菜。外婆出门的时间不长，很快就回家了。可就在这短短的时间里，意外却发生了。孩子醒了，于是独自在这个不常待的地方到处乱走，最终走到了卫生间，从卫生间的小板凳爬到了窗户边，然后，从十层楼的高处掉了下来。走进小区的外婆看到的，是已经躺在地上的、没有了气息的小小的孩子。

我讨厌遇到这样的事情，尤其是这些事情背后的真相，或者故事，难免会难过。很多时候，法医在工作时不能有个人情感，可面对尸体容易，面对那些逝去亲人的家人们，太难。那些痛苦，那些绝望，那些悲天恸地的泪水，那些肝肠寸断的呼喊，都会生生将人的心撕碎。

所以，要说我从法医这个职业中学到的最重要的是什么——不是学到了更多的知识充实了自己，也不是又解决了什么案子实现了自我价值。法医这个职业，让人更加明白生命的可贵，让人能常怀对生命的感恩与敬畏，让人明白，最值得我们去做的是珍惜每一个现在的时刻，更爱自己的家人，多陪伴他们；让人明白，自己是何等渺小与脆弱，因为在“生命”这个伟大的概念面前，一切都是那么渺小，那么脆弱。

关于死亡的童年记忆

从这时起，死亡的念头把他童年的生活给毒害了。他的神经使他无缘无故地受着种种磨难，一会儿胸口受着压迫，一会儿又一阵剧烈的痛苦，一会儿又是喘不过气来。凭着他的想象力，他把自己

吓昏了，以为每种痛苦里头都有那只吃人的野兽来取他性命。

——罗曼·罗兰《约翰·克利斯朵夫》

重新唤起我童年时代关于死亡的记忆的，是我在看这本书的时候。书里头，小克利斯朵夫在听闻两次死亡后——一次是自己的一个也叫克利斯朵夫的兄弟的死、一次是自己的玩伴弗里兹病死，死亡的阴影便在他幼小稚嫩的心里弥散开来。他恐惧死亡，甚至以为死亡也要降临在自己的身上，让自己浑身不自在。小小的克利斯朵夫想要找人说说这件事情，可傲气、羞耻与体贴还是让他鼓起“勇气”把这件事情埋在了心里。

童年时候，我们大抵都有关于死亡的记忆。某一天，我们不知从哪里知道了这个字眼。这个字眼无比神秘，似乎大人们都不愿意谈论，有时甚至在你问出“死是什么”这样问题的时候，大人们会毫不犹豫地用严厉的语气喝止你别再提这样的问题。

但大人的避讳与喝止并不能打消我们的好奇心。于是，小小的我们就像克利斯朵夫一样，完全只能靠想象力来理解这件事。但问题也随之而来，全靠想象力得来的关于死亡的概念，几乎全部是负面的。它们是可怖的、无处不在的、如影随形的、令人恐惧的。于是我们那懵懂又弱小的心灵，一次又一次被死亡这件事搅得天翻地覆。

我也不记得我是在什么时候知道死亡这件事情的，但经过一番自我努力，我依稀知道人死了之后便不能再玩耍、不能再吃好吃的了。我从大人们偶然的闲聊中觅得只言片语，再加上电视剧的添油加醋，知道死亡就是阴曹地府里的鬼怪上来索命。你看不见这些鬼怪，但一旦被它们看中，它们便会在无声无息之中用什么东西把你钩住，那一刻你就是死掉了。

所以小时候，我特别害怕爬楼梯。可这又是我每天必须要做的事情，每当夜里洗漱完毕要上楼睡觉的时候，我总是要爬上那段楼梯。有一段时间，我真的是害怕极了，总觉得在爬楼梯的时候有什么东西在后面追赶着我——我也不知道为什么只是在爬楼梯的时候追赶我。我甚至能够真切地感到那东西用可怕的眼神盯着我，似乎下一刻就要把我抓住了。我又不敢回头看，怕看了之后会更加害怕。于是我只能拼命往上爬，胸口沉到连呼吸都变得困难。可楼梯却显得格外漫长，就算我大跨步两三级台阶一起向上爬也要花费好长的时间——我怕身后的东西赶上我。有几次我几乎快要哭出来了，想回头向那东西磕头求饶，让它放过我。可我又觉得那凶恶的东西不会放过我，它手里一定拿着一个钩子，眼看就要钩住我了，我不能回头，一回头就必死无疑，于是只能拼命往上爬。等看到我熟悉的房间门的时候，我才略微感到安心。但我不能就此停下来，如果让它进了房间可就真的完了。我用尽最后的力气大步踏进房间，迅速把房门关上，然后爬到床上，盖上被子。这时我才感到些许安全，喘着粗气，望着门口，确定那扇门不会再打开。这个时候我又会有一种胜利的自豪感，觉得自己是打败了什么不得了的敌人。这是我印象最深刻的童年时候关于对死亡的恐惧的记忆。

这完全就是靠着自己的想象力臆造出来的恐怖，虽然现在看起来可笑至极，但当时的我对此确信不疑——这同小克利斯朵夫一模一样，或许有人也有过与我同样的经历与感受。虽然这可能只是其中一个方面的原因，但父母对孩子的死亡教育或许的确存在着些许的不足。就像罗曼·罗兰书中的曼希沃与鲁伊莎一样，大多数的家长并不会认真告诉自己的孩子，死亡究竟是怎么一回事——有时候或许他们自己也搞不懂。

所以当我有了自己的孩子，我总是想要给他聊聊死亡，虽然他真的还很小。就像有一次，我们家养的一只小乌龟死掉了，他用很惊诧的口吻说道："小乌龟死了！"我并不知道当他说出"死"这个字的时候，心里到底明不明白什么是死——大抵是不明白的。或许在他看来，小乌龟的死亡，就是一动不动了。这只小乌龟经常趴在石头上一动不动，或许他以为有一天小乌龟还会再动起来。但这不是死。

"你知道'死掉了'是什么意思吗？"等到他观察已经死掉的小乌龟已经有一会儿，快要丧失兴趣的时候，我刻意问他。

但他好像对这个话题并不感兴趣，转而骑上他的小蜗牛车，想离开。

我并不让他走，一把抱过他，把他放在我的膝盖上，对他说："死掉了，就是我们再也见不到那个人了，永远也见不到。我们再也不能跟他一起吃饭，不能跟他一起玩积木或者滑滑梯，不能跟他说话——你可以假装跟他说话，但你永远不可能再得到他的回应。死亡就是从这个世界上消失了，不可能再找到这个人。但死绝对不是一件可怕的事情，每个人只要出生，便终会死掉，你不必因此感到恐惧或者伤感，这是自然的规律。宇宙从虚无中创造了你，然后再次把你带回虚无，这就是死亡。”

我极力用平时跟他说话的口吻同他说这些，但他似乎完全没有在听我讲话，强扭着身子想要挣脱我的怀抱，从我的膝盖上下去。我知道我说的已经够多了，便松开手，把他放了下去。他再次跑向他的蜗牛车，骑上去，扮成一个骑士一样飞奔起来。

我的双手托着下巴，望着他。我不知道我的言语是否合适，也不知道他有没有听懂，更不知道我的话会在他小小的心里埋下什么种子。我只是想让他知道，不用惧怕死亡这件事情，不用回避也不用逃离，这并没有什么大不了。我也知道我有义务让他知道这件事情，虽然他尚且幼小，但他迟早是要面对的、将来必然是要发生的、谁也不能抗拒的死亡。

别让他们在孤独中死去

如果要我回忆在我过去的人生中有什么后悔的事，那我一定会想到我奶奶离世的那个冬天。关于奶奶的记忆，永远定格在那个阳光明媚的午后。

那时候，奶奶的病已经很重了，几乎没有什么力气。那个冬天的阳光特别好，每天午后，妈妈总是在小楼的阳台上摆一张藤椅，然后抱奶奶去晒太阳。那时候妈妈还要上班，我则放寒假在家里。妈妈去上班之前总是叮嘱我，多陪陪奶奶。

然而我没有这么做。我不知道我在忙些什么，但现在想起来，无比心痛。我有过一次，去阳台上看看坐在那里晒太阳的奶奶。奶奶身上穿着厚重的棉衣，靠在藤椅上，眯着眼睛看着前方的老房子，她在那里住了一辈子。奶奶黝黑的脸上已经布满了皱纹，那是她一生劳碌的见证。

我喊了她一声，她答应了一下。我在她身边搬了一张小板凳坐下，阳光很好，虽然是冬天，但身上很暖和。我们很久没有说话，我觉得我应该说些什么，或许跟奶奶一起回忆一下小时候有趣的事情也好，但我没有开口。我不知道奶奶在想什么，我也没问。

坐了没一会儿，我便起身回屋去了，留下奶奶独自一人。那是我最后一次陪着她，我应该在那里多坐一会儿的，我应该多看她几眼的，我应该说些话逗她笑一笑的。不久，奶奶便离开了我们，从那以后，再也没有如那时那般晴朗温暖的午后了。

那些午后，奶奶独自一人坐在那里，究竟会想些什么呢？她会回顾她的一生吗？她会想念自己的儿孙吗？她会因此而感到孤独吗？她会为他们感到骄傲吗？还是，只是想要他们都搬一张凳子，排成一排坐在阳台下，和她一起晒太阳呢？

关于奶奶的记忆有很多，但这是最深刻的一个。冬日的暖阳晒得人睁不开眼，偌大的阳台底下，是老旧的藤椅，与孤独的老人。

工作后，我看到过很多空巢独居老人，他们独自生活，然后终老。光 2020 年一年，我所看过的独居老人死亡的现场就有 11 个，几乎每个月都会有一个独居的老人死去。他们并不是没有儿女，只是儿女都有了自己的生活。他们不光在生前没有人陪伴，甚至都没有人知道他们已经死了。有些老人的尸体，过了好久才被邻居发现。有些儿女，在得知自己的父母死去之时，竟然只有冷冷的一句："我在外地赶不回去，请求政府帮忙把后事处理了吧！"

我为此感到震惊、气愤与费解，但想想多年前那个冬日里的自己，又何尝不是这样呢？

没有人愿意孤独，尤其是在面对死亡之时。所以，如果可以，经常问候一下他们吧。真的，如果可以回到那个冬日，我每天都会搬张小板凳，坐在奶奶边上，同她一起感受美好的阳光。然后跟她讲我小时候尿裤子了她给我换裤子的事情，或者和她一起去田垄采毛豆我却被毛豆叶子上的毛毛虫蜇到的事情。她一定会笑吧。

只是，没有如果。

找到你的尸体，对我竟如此重要

曾经有一位母亲，她的女儿去了远在千里之外的地方打工，而她自己独身留在了老家。丈夫多年前在一次意外中丧了命，现在，只剩下安土重迁的她守着一方空房。但她并不怨天尤人，她的身体健朗，有一份还算稳定的工作，最关键的是有一个上进又懂事的女儿，虽然远隔千里，但母女俩每周都会通电话。女儿说，在外头学到了本领就回老家创业，陪着母亲，让母亲也能够享享天伦之福。

可是，某一年的圣诞节，女儿突然联系不上了，发信息不回复，打电话提示手机已经关机。母亲感到很奇怪，女儿的手机几乎从不关机，更何况无论大大小小的节日，女儿总会送上祝福，但这次却

“失约”了。母亲决定待到第二天再联系。

第二天一早，母亲醒来第一件事便是查看手机，以为女儿会在看到自己的留言之后回复自己。然而，在与女儿的聊天界面上，最后一条信息仍旧是自己昨日发给女儿的。母亲再次拨打女儿的电话，手机中传出的，依旧是“您拨打的电话已关机”的提示音。

母亲的心突然绞痛了一下。这一日，母亲都如坐针毡，思前想后，不免想到一些糟糕的结果，心里也越来越担心。又过了一日，母亲不愿意再干等下去，决定南下寻女。

寻女之路并不顺利，女儿打工的工厂告知她，她的女儿已经有几日没来上班了。不过之前，她车间的主管收到了其发来的短信，说要请几天假出去旅游，主管也同意了，所以工厂并没有多虑。母亲又去了女儿租住的地方，找到了女儿的男友，男友也说她出去旅游了。母亲无奈，只能到当地的派出所报警，说自己的女儿失踪了。派出所做了能做的，找遍了所有认识其女儿的人进行询问，但都没有发现什么异常。

此次南下之路没有丝毫收获，母亲只好回老家等待消息。就在回到老家的第二天，她突然收到了女儿发来的消息，是一张照片。照片上出现了久违的女儿的身影，背景是一个古建筑群，看起来的确像是在外头旅游。母亲很激动，这么久终于收到了女儿的消息，立刻拨打她的电话。这次电话是接通了，但是女儿没有接听。过了一会儿，女儿发来了短信，短信这样说：“妈，我还在外面旅游，准备多待几天，我这里太吵了，不用打电话给我，我很好，勿挂念。”母亲看到了，提着的心稍微放下了一些。

但女儿再次没了音讯。由于经济的压力，母亲没有办法一直亲自寻找，只能经常联系当地的派出所帮忙，但始终没有得到结果。三个月后，心急如焚的母亲再次南下，寻找女儿。然而，与第一次一样，没有任何结果。

其实此时的母亲心里早已笃定，自己的女儿应该是遭遇了什么不测。但是，母亲始终不愿意往最坏的结果去想，心里还存留着希望——至少，连女儿的尸首都没有看到，怎么能够确定她已经死了呢！就算自己的女儿遭遇了不测，至少也要找到她的尸首，见她最后一面。

这位母亲寻找女儿的路前前后后一年有余，越到后头，她越是明白，自己恐怕再也不能和女儿说上一句话了。只是她偏不信邪，就算是死了，那女儿的尸首哪里去了？母亲铁了心，一定要找到自己的女儿，就算是死了，也一定要将她带回家乡，不能让她永远独自在外漂泊流浪。

在我的工作经历中，我曾经看到过不少这样的事。亲人失踪，最急的莫过于自己的家人。有时候，明知道自己的亲人没有生的可能，但还是要寻找，就算是尸体也一定要找到。这是人之常情，为的是见到亲人的遗容，这是最后一面——这一面，大概会被铭记一辈子。最重要的是想要让自己的亲人“回家”，而不是做一个“孤魂野鬼”，在外面受欺负。“家”的概念，已经深入所有人的心，在临死前的最后一刻，心中唯一的念想便是家。狐死尚且首丘，何况是人呢？这就是为什么，大多数将死之人不愿意死在医院里，而更愿意死在家里，因为只有那里才是最温暖的地方，是归宿。

最终，故事里的母亲，凭着一己之力找到了自己的女儿，并带着她回归了故乡。

自杀的理由

我见到过很多自杀者。有时候，他们自杀成功了，遂了自己的心愿，成了一具冰冷的尸体；有时候，他们自杀也会失败，但这并不能够成为他们不继续尝试自杀的理由。我见过的一些自杀者，他们不止一次尝试结束自己的生命，有的甚至五年、十年，都在不停地尝试自杀。虽然家人们有时可以挽回他们的生命，但始终无法改变他们想要自杀的念头。

我看到过一个女人，很年轻，是一个六岁的小男孩的母亲。当然，我见到她的时候，她已经无法看见我了。就在半个小时前，她跳进了冰冷的运河里，结束了自己的一生。她的家人告诉我，自从她生完孩子，便一直情绪不好，如果只是闷闷不乐、心情糟糕那倒还好，总可以开导开导。但实际情况比这糟糕得多，她从五年前开始，唯一的念头便是自杀。我知道，这很有可能是产后抑郁。这几年的时间里，她割过腕、跳过楼，也试过上吊，但之前的每一次都幸运地被家人发现，救了下来。这次，却没有。

我问他们有没有带她到医院去看过。他们告诉我，医院也去看过，每次去医生都会配些药，吃了药情况会好一些。但家里的经济条件本就不是很好，每次去医院都是一笔不小的开销，这一点死者当然也知道。这又加重了她的心结，觉得自己非但没有帮助家里改善条件，反而生了这个病拖累了家人。她一直说，没有她，这个家才会过得好——我们有时候也许也会有这样的想法，但这样的想法之于我们来说都是暂时的、一闪而过的，可能吃个饭便又把这个想法抛之脑后了。但她不一样，这样的想法自从在她的脑海里形成，便越来越强烈，越来越坚固，到最后，甚至会成为她笃信的事实。而家人寥寥的安慰只会让她变得更加愁苦，更何况，家人更多的情绪是哀其不幸，甚至在她面前抱怨自身命苦。到后来，这个女人说什么也不愿意再去医院，每次要去医院都以死相逼，久而久之病情也越来越严重。而在这次跳河之前，她的丈夫数落了她几句，她便骑上电动车来到大桥上，一跃而下。

其实我并不想借用抑郁症的例子来说自杀这件事，但很多人说到自杀，便会联想到抑郁症，在很多自杀者中也往往能够寻到抑郁症的踪影。然而并不是所有的抑郁症患者都会自杀，事实上，只有极少部分的抑郁症患者真正自杀了，也就是说，大部分的抑郁症患者并不会自杀。并且，在所有自杀的人中，也只有一小部分是抑郁症患者，而剩余的那些人，大多数都是因为环境因素引发的自杀行为。

我统计了近六年里我所经历的自杀者，有一百多人，其中的抑郁症患者只有九人（当然也可能其中有些人已经得了抑郁症但没有被诊断出来）。其余自杀者自杀的原因有很多，例如得了很难治疗的疾病、学业失败、失恋、欠钱，或者只是单纯的吵架之后一时想不开。自杀的理由千奇百怪，有些在我们看来简直就是无足轻重的小事，而这些小事却能够让一个人结束生命，着实让人感到匪夷所思。

所以，有时候我不禁心生疑问："人为什么会自杀？"

人为什么会自杀？这个问题大概谁也解释不清楚，但不妨碍人们前赴后继去研究这个问题，他们对自杀也有着自己的见解。我记得有本书曾写道：导致任何一个人自杀的具体原因当然和他们的DNA一样，是各不相同的。一位专家称之为众多的一连串事件。

而迪尔凯姆的《自杀论》中则这样说：自杀是一种特殊的社会现象……是经济的发展、科学技术的进步和社会分工的变细所造成的社会病态而引起的……与种族、遗传、心理素质、精神状态、自然条件、气候变化无重大关系，或者说影响不大。而跟社会环境……却有着密切的关系。

《自杀论》显然认为，自杀的因素并不是完全出于自身，而与之联系更加紧密、在自杀中发挥更大作用的，是社会，与社会中的每一个人。这不禁让我想起了前段时间我与几个同事在看过一个自杀现场之后的感想。

那是一个相约自杀的现场，自杀者是两名女性，一个是本地人，另外一个是外省的。她们在类似相约自杀的聊天群认识以后，便互相加了好友。经过商谈，两人发现她们想要选择自杀的方式及自杀的时间都很相配，于是两人一拍即合，约定了时间与地点，又购买了自杀用具，便一起踏上了死亡之路。

在看过这个现场之后，我们单位对网络上那些相约自杀的帖子、聊天群进行了初步的梳理，惊讶地发现网络上竟然有这么多人想要结束自己的生命！后来，有个人看似开玩笑地说了一句："现在人们的生活条件都好了，物质上已经没有什么追求了，精神便开始极度空虚起来，如果没有了精神追求，就开始想要寻死，以前的人哪会想那么多，他们唯一想的就是如何吃饱饭。”还有人这样说：“以前的人们社交圈小，现在的人接收到的信息实在太多了，有些人可能自杀的信念没有那么强烈，但看到网络上有那么多‘志同道合’的人，便一下子坚定了自杀的信心，所以网络上这些东西也是毒瘤。”他们的说法与《自杀论》的观点好像不谋而合。

其实并不是没有道理，因为这种现象已经出现在我们每个人的身上。比如，我们看到一个刚读完大学的大学生自杀，嘴里说出的第一句话会是什么？大概是这样：“好可惜啊，父母这么多年的辛苦养育全都白费了，就这样死掉了那他的父母该怎么办？”所以，大多数人都会认为，自杀是一种“不负责任”的表现。然而，自杀者真的是这样“不负责任”吗？恰恰相反的是，自杀在他们心中可能是“最负责任”的选择，正如我在开头提到的那个六岁男孩的母亲，她觉得只有自己的死亡，才能让所有人解脱，才能给所有人带来快乐。这种想法我们可以理解吗？大多数人不能理解，也很少有人尝试去理解、去感同身受，然后干预想要自杀的人，去帮助他们走出阴影。

再如，我们见过很多抑郁症患者自杀，但大家对抑郁症毫无了解，只是单纯地以为抑郁症是情绪低落、心情不好。所以，很多人觉得抑郁症就是矫情，于是会说，“出去走走就好了”“你要多接触人”“你要试着自我调节”“你要学会坚强”“吃喝不愁，有啥好抑郁的”“街上那么多乞丐都没抑郁呢，矫情”……这对他们一点帮助都没有，甚至会加重他们的病情。有些人听到某人患上了抑郁症甚至会感到害怕，唯恐避之不及。拜托，抑郁症没有传染性，用这样的态度去对待他们，无异于在他们的伤口上撒盐。

类似的做法、想法还有很多，如“自杀者都有精神病”“自杀是脆弱的表现，是弱者的选择”“自杀是种威胁，是想死给我看”……其实他们都很挣扎，不到迫不得已，谁会选择自杀呢？而不少想要自杀的人，或多或少都曾经在生前发出过求救的信号，只是都被误解、忽视，甚至无视了。其实只要他能感觉到自己与这个世界还有一丝的联系，他就可能不会选择死亡。只是，他感觉不到任何“联系”，或者，没有人再给予他有效的“联系”。

就像一开始我提到的例子，女子在五年的时间里反复想要自杀，那么在这五年的时间里，家人们都扮演了怎样的角色呢？他们有没有真正想要去了解抑郁症，真正想要去帮助这个女人？或者也只是会哀叹、会悲悯，然后说一些不合时宜伤人的话呢？

人为什么要自杀？可能目前为止，科学依旧没有办法给出合理的解释，但或许我们每个人都可以做些什么，关爱也好、理解也好、陪伴也好，或许，真的可以阻止一个生命的消亡。

我害怕的不是死亡，而是不知何时死亡

人们的不安全感来源于无法掌控的不确定性。

我们总喜欢生活按照自己想要的样子进行，因为这样可以让我们感到安心。在读书时，我不希望已经准备了很久的考试突然被通知要更换考试的大纲与范围，这让我感到焦虑；工作后，我不希望临

时接到一个需要耗费我很多时间的任务而把我已经安排好的工作计划打乱，这会让我感到烦躁。我们总会被这样突然袭来的不确定因素搅和得如一团乱麻。

做一件事情亦是如此，如果我们已经知道做这件事情的结果，无论好坏，无论成功还是失败，我们都不会那么没有安全感。反之，不安会开始侵袭我们。这种感觉在学生时代常有，我们害怕考试，是害怕考试本身吗？或许我们更加害怕的是考试成绩的公布。我们可以在考试的时候尽力做到最好，但仍旧不知道自己的考试成绩会是怎样。这种感觉在我高考查分的时候被放大到了极限，有过类似经历的人一定会理解。

不过在我看来，人生更像是吹气球。我小时候很害怕吹气球，总不能吹得很大，因为我害怕气球会爆炸。有一次我很想锻炼一下自己的胆量，于是不停下来，一直向气球里面吹气。我知道这样一直吹下去，气球必爆无疑，所以你们是不是能够想象，在吹气球的过程中，我脸部的表情是有多么狰狞——我就害怕在吹下一口气的时候气球突然爆了。这个狰狞的表情持续了很久，气球却怎么吹也一直不爆。当最后那要爆炸的一瞬间，我倒是没有那么害怕了。后来我明白了，或许我并不是害怕爆炸本身，而是害怕不知道气球什么时候会突然爆炸。爆炸是已经确定了的事，我已经对这件确定了的事做好了足够的心理准备。但我无法对不确定的时间做充足的心理准备，因为它并不在我的掌控之列。所以，死亡这件已经被确定了的事情，本身并不让我们感到恐惧。但死亡的时间充满了不确定，它脱离了我们的掌控，于是让我们感到不安。

这种不安在我工作的所见所闻中表现得淋漓尽致，尤其是在面对那些毫无防备、突如其来的死亡——猝死时。猝死，就是突然死亡，大多是身体内潜在的疾病造成的，这些疾病没有症状，或者症状很轻微，不足以让我们产生足够的重视。猝死者身体往往貌似“健康”，预先没有任何征兆或仅有轻微的几乎不会想到可能致死的症状或体征，在日常生活、工作或睡眠中，出乎人们意料的情况下发生突然死亡。

大家可能多少都听过，某些人通宵达旦、不分日夜地上网打游戏，结果猝死；或者有些孩子在跑步的时候，倒地猝死；又或者连续几天加班，没有好好休息猝死。这些我都见到过，但也只占了猝死的很小一部分。还有其他许许多多的突然的死亡——在马路上骑着车突然倒地死亡的；正在上厕所时突然倒下死亡的；正在田里劳作时突然死亡的；夜里正睡着觉，再也没有醒来的……这些死亡，没有先兆，不曾预料，突然降临。

在所有猝死的案例中，没有人是自己主动去寻求死亡这个结果的，他们、他们的家人，甚至连想都不会想到，一个好好的人就那么突然地失去了生机。没有人能够做好接受突然死亡的准备。对于很多猝死的尸体，在现场我能够听到的最多的一句话便是：“他身体一直很好，以前也没生过什么大病，这一阵也没有什么不舒服，怎么突然就没了！”无一例外，哭喊声充斥在每一个突然离世的人的家中。

每次看这样的猝死现场，我总能感觉到“生命”这个词在对我进行猛烈的冲击，每次我也总会禁不住感叹生命之无常，这种无常没有任何人能够左右。所以，为什么我们总是在说，要珍惜生命中的每一个时刻，那是因为，我们真的会与死亡“不期而遇”。这就是死亡的不确定，这种不确定让我们感到无力、恐惧、战战兢兢。

所以我们都想成为“预言家”，至少我曾经这样想过，我会想，要是我能够知道自己什么时候会死那就好了。这样一来，我就可以安排好在剩下的生命中还需要做些什么，让我在生命终结之时不会因为还没有做某件事情而感到后悔。

然而，我们谁都没有这个超能力，永远不知道自己会在什么时候死去，所以我们依旧恐惧。但我们能做的，仅仅只有恐惧吗？如果只是这样生活在恐惧中，那或许你的生，会比死来得更加可怕。所以我们需要消除这种恐惧，而在我看来，这样的恐惧能够让我们警醒。我有时会带着这样一种假设去生活——假如我只剩下三天的生命。这样的想法让我感到浪费自己的生命实在是件可耻的事情。于是我会带着一切美好的想法去做每一件事情，无论是工作还是生活。

人生就是这样，无常是它的常态，各种起伏跌宕、生机转机、好运噩运都可能会发生。我们若沦陷于无常之中，便会有无限的焦虑与困扰。我们不必去尝试控制这种无常，因为越想控制，越容易陷入失控的旋涡之中。

何不换个思路呢？因为人生的这种无常，本身就是一种“正常”，在不确定中蕴含着确定，在死境中暗藏着生机。生命看似不由我们控制，却也给了我们更大的自由。无常的困难是挑战，在此之中去锻炼自己的能力，完善自己，然后只管去欣赏其中各种风景就好。

我们不需要去驾驭无常，挣开它的束缚，才能收获生命的变化给予我们的礼物。

那么，你便不必再害怕担心自己不知道什么时候会死去，珍惜好眼前的一切，认真体会生命之美，这就是你的使命，也是你所拥有的生命的意义。

期待属于你的浅绿色快递盒子

2020年1月2日，新年的第一次值班，却让我有些猝不及防。

上午，一起交通事故中有人受伤，需要进行损伤检验。伤者骑着电动车与一辆载货车发生碰撞，损伤十分严重，脾脏破裂、肠破裂、右股骨与右胫腓骨粉碎性骨折。送到医院时伤者已经深度昏迷。他接受了脾切除手术与部分肠管切除手术，但尚有肠梗阻，需要等肠梗阻好些之后，再做右腿骨折的手术。回程的路上，办案的民警告诉了我一个更加不幸的消息。当时电瓶车上其实还坐着一个人，是这名伤者的女儿，不像她的父亲那么好运，女孩当场死亡。更加不幸的是，载货车的驾驶员根本掏不出钱来赔偿，甚至货车都没有买保险。这一家人正经历的，大概是他们人生中最灰暗的时刻。

中午，我正在吃饭，接到电话说有个人走路走着走着突然昏迷跌倒，送医院没抢救回来，希望法医能够前去进行尸体检验。我到达时，医院的抢救室已经被悲伤的情绪充满。死者是一名老年男性，患有脑卒中等疾病。当天上午，死者在回家的路上突然毫无征兆地倒下。前两年，死者也有过晕倒的经历，但那次是在家里，抢救得及时，家人把他从死亡线上拉了回来。可这一次，他永远离开了。

晚上，正陪孩子逛着街，我再次接到了电话，又有一起非正常死亡事件。这次是一个刚过四十岁的男子，是一名油漆工，就在刚刚下了工吃饭时，突然瘫倒在地。工友们虽然第一时间将他送到医院，却依然没能救回他。我到达医院抢救室时，死者的家属还没有赶来，我不敢去想那些场景，我看过太多家中的顶梁柱猝然离去，留下家中的孤儿寡母。检查尸体时，我发现死者的双脚和双侧小腿有些肥大，用手指按一下，皮肤便凹陷下去，又很缓慢地恢复，小腿上还有一些静脉曲张的征象。询问了医生，医生也表示，这个人大概是心脏疾病导致的猝死。我心里猜测，病人肯定知道自己的疾病，但为了生活，不得不一直从事着高强度的工作，因为在他身后，还有他挚爱的家人。

我总不愿意自己的工作永远与死亡联系在一起，这些来不及说再见的永别让人心碎。我不知道这些家庭以后的生活会如何，但就算是艰难也好、困苦也罢，我们总要相信，生活不会一直糟糕下去。就像我前两天去看望一个朋友，他给我讲了他自己的一件事。这一阵子，朋友的母亲又摔了一跤，老人家骨质已经很脆弱，这次又把骨头摔坏了。去年差不多是同样的时间，也在过年之前，他的母亲第一次摔伤骨头，住院住了很久。这次，朋友同样全程亲自照顾母亲，同时还要顾自己的工作跟自己快要临盆的爱人，忙得焦头烂额。可喜的是，就在母亲出院的第二天，他的孩子出生了。朋友属于大龄青年，盼这个孩子已经盼了很久。看他把女儿抱在怀里的样子，真的替他感到高兴。虽然之后照顾孩子也会很辛苦，但当时的他，与他的家庭，都充满了喜悦。

这个世界就是这样，有人来、有人走，有时花开、有时花谢，有人正经历凛冽寒冬，有人正享受盎然春意。也许我们正经历艰难，我们仍要相信美好的事情终将发生。这让我想起前不久陪孩子看过的一本绘本故事，故事大概是这样的：

有一辆快递车，装满了快递，正要出发。快递车经过小镇、穿过油菜花田，最后来到一个还覆盖着白雪的山上的村落。村落里住着一个小女孩，名叫香织，她看着窗外，心想什么时候春天才会来呢？这时候，她听到有一个人正在喊着村子里每一个小孩的名字，然后给他们每人一个浅绿色的快递盒子——原来是快递员来了。香织有些期待，自己也会有快递吗？果然，不久之后，有人在门外边敲门边喊："请问香织在吗？有你的快递！"香织立刻跑去打开门，接过属于自己的浅绿色的快递盒。盒子里装着什么呢？香织迫不及待地打开了盒子。哇！盒子里装满了七彩的美丽花朵，从盒子里飞出了许多扑扇着翅膀的蝴蝶。香织抬头看去，周围的积雪逐渐融化，长出了青草，开出了花朵——期待已久的春天来了！

人生便是如此，就算我们正身处困苦之中，也要满怀期待，那个属于你的浅绿色的快递盒子总会到来。

生命与死亡

我在上大学期间，曾目睹有人从楼顶纵身一跃，结束了自己的生命。

那时刚入夏，天气开始有些燥热。结束了上午的课程，我便离开教室，前往食堂打饭吃。从教室到食堂走路大约只需要五分钟，其间还要穿过学生宿舍楼。我们的宿舍区名叫学子苑，学子苑里大约有八九幢房子，每幢都是六层楼，最上面还有一个天台。事情就发生在我经过学子苑的时候。

刚走到学子苑，我便发现有些不对劲，有人正大喊着什么，还有聚在一起的人在议论着什么。这些人都仰着头，朝向一个方向。我也抬起头，朝那边看去，在学子苑一幢宿舍楼的楼顶天台上，有个女生正站在那里，准确地说，是在楼顶的边缘。

我吃了一惊，但转瞬又明白了，这人恐怕是要跳楼。我停下脚步，又看见有人从宿舍里搬被子出来，然后铺在那人正下方的地面上。然而这无济于事。紧接着，我看到有几个像是管理人员的人急匆匆地跑过来，然后向楼顶的人大声喊着话。但楼顶上的人没有一点反应。其中有两个又立刻跑进了大楼里，也许是想要去楼顶。可是就在他们刚跑进大楼的时候，楼顶上的女孩便向前迈了一步。

失重，下坠，落地。就在一瞬间，一条生命逝去了。我惊恐地如木雕泥塑一般呆立在那里。我能看到有人立刻拿着刚刚已经拿出来的被子，盖在那人的身上，将其掩住，也能听到周围有人在大喊、有人在尖叫，而那时我的大脑一片空白。

后来，我听说跳楼的女生快要硕士毕业，已经与一家单位谈好了入职。然而大概是那家单位放了这名女生的鸽子，不想给她提供工作岗位，又或许其中还有一些其他的事情，让那名女生心灰意冷。我并不能体会这些事对她的打击有多大，但至少在她看来，大到需要结束自己的生命。

我总会在我们学校听说一些跳楼自杀的事，其中大部分是病人。我就读的医学院与医院毗邻而建，所以整个地块中，南面是医院院区，北面是教学区。每当有人从医院住院楼跳下，总会传到我们的耳中。这些人大多是因为身患重疾，治愈无望，难以忍受这份痛苦又不愿意连累家人而选择了不归路。

工作以后，我也碰到过从医院跳楼自杀的病人。那天在医院看现场的时候，我看到医生办公室的办公桌上放着一本书，叫《死亡如此多情》。我粗略翻了一下，里头记叙的是关于医务工作者与临终病人之间的故事，它告诉人们，要思考生命与死亡。

后来，我还看过一起跳楼的非正常死亡事件，当事人是一名学生。那天中考刚结束第一天的考试，回到家以后，这名学生在自己房间里待了一段时间，便从十来层的家中跳下。在他房间的书桌上，我们找到了他在跳楼之前写的遗书，是封让人心碎的遗书。他用最后的力气写下了自己所面对的各种压力，又写下了自己第一天的考试发挥失常后的悔恨与懊恼。他觉得自己对不起父母的养育，对不起老师的栽培，对不起所有期待。写完这些，他便一跃而下，与世界永别。

人生，无时无刻不在经受着压力。就拿我三周岁的孩子来说，他还不能完整地表达自己的意思，我就开始考虑是不是可以给他报兴趣班了。在与周围同事的交流中我也感到惊叹，几乎所有的孩子都会报一两个兴趣班，多的甚至有五六个，这些连一句话都尚不能说完整的孩子，他们的所有时间几乎都被父母安排满了。且不说孩子是不是真的喜欢这些课程，也不论孩子是不是真的理解压力这个东西，但至少在我看来，他们也是那么辛苦。

随着年龄的增长，压力也成倍地增长。从学生时代的学业开始，压力便不会再离开我们。网络上流传的喝醉后在地铁站大哭的男子，或是被交警拦下后崩溃的小伙，他们就在我们身边，或许就是你我。但好在，他们勇敢地将自己的情绪表达与宣泄了出来，若是郁结心中，那或许会发生前文所说的悲剧。

我们都身负着无形的轭在艰难前行，不知道什么时候会有最后一根稻草落下来。如果我们不会好好调节自己，那人生真的会变得异常艰难，我看到过的许多悲剧便是如此发生。且怀着“人生如逆旅，我亦是行人”的开释胸襟，得失两忘、游于物外，或许会更好呢。

所谓公平

4 号，又到了单位发工资的日子，似乎每个人都在盼望着这一天，小 A 也是。期待已久的短信声终于响了起来——“2087 元”。怎么这么少？小 A 有些疑惑，立马联系了几个同事，询问他们发了多少钱。不问不知道，一问自己的心情就更加糟糕了，其他同事都有两千八九，自己平白无故少了八九百。小A想起自己过去一个月几乎每天加班，办公室里自己每次都是最后一个走的，做得最苦，到头来自己拿到的钱却最少。小A越想越觉得委屈，觉得真的是太不公平了。

小B刚刚经历了高考，在查成绩的那一刻，高中三年的时光一幕幕浮现在了脑海中。过去的三年里，自己的所有时间几乎都花在了学习上，两耳不闻窗外事，成绩当然也是名列前茅，父母、老师更是对自己充满了期待。小B用鼠标点击了“查询”键，那一刻，心脏真的就要跳出来了。可是，眼前的分数却让自己如同坠入冰河，他不敢相信自己的眼睛。小B再三确认，仍旧是这个成绩。几天之后，分数线出来，自己的分数勉强超过了一本线，离期待的大学差远了。眼看着平时学习成绩不如自己的同学可以填报比自己更好的大学，小B感到万箭穿心般难受。一次考试，就决定了自己往后的人生，小B瞬间感觉这个世界太不公平了。

小C跟小D因为一些事情发生了争吵，然后演变成了打架。小D先动手，他朝小C的脸上狠狠打了一拳，正好打在嘴巴的位置。小C的嘴唇立马破了一个口子，流了不少血。小C很生气，随手拿起一个酒瓶子向小D的头砸过去。这一下不光把小D的头砸开了，酒瓶破了之后，玻璃碎渣掉下来时把小D的手臂也划开了，小D瞬间变成了一个“血人”。派出所将小C与小D带到我这里来验伤。小C的嘴唇全层破裂，嘴唇外面的皮肤与里面的口腔黏膜都进行了缝合，并且嘴唇外面的皮肤缝合长度有2厘米。小C的伤已经构成了轻伤二级。小D的头上跟手臂上都有伤口的缝合，头上的伤口长

5.5 厘米，而手臂上的伤口更长，有 7 厘米，两处创口总长度达到了 12.5 厘米。可无论是对照头部的条款还是手臂的条款，小 D 的伤只能构成轻微伤。按照这个结果，小 C 只需要被治安处罚就行了，而小 D 则要吃官司，被刑事拘留。小 D 觉得，自己身上的口子明明更长，自己受的伤明明更重，为什么自己要坐牢而小 C 却没事？小 D 觉得这是一件非常不公平的事。

所有的这一切，似乎都不公平。

我们每个人，似乎都在不停地追寻着公平。女人与男人、员工与领导、民众与官员、学生与老师、外乡人与本地人……我们时不时抱怨着单位的不公、命运的不公，我们总觉得厄运与自己如影随形而别人总是春风得意，我们总觉得自己应该得到更多、失去更少。那么，公平到底是什么？

有这样一个故事：一个雇主，要请几个工人到自己的葡萄园里做工。早晨的时候，雇主寻找到一名工人，讲好了做一天的工有一钱的工钱，工人答应了。中午的时候，雇主又找了一个工人，也讲好了一钱的工钱。下午快收工时，雇主又找了一个工人，同样讲了一钱的工钱。等到太阳落山，三个工人排队等着领工钱，毫无意外，雇主给了每人一钱。那早上来的见下午来的也有一钱，便询问："我明明比他做了更久的工，为什么你给了他一钱，也只给我一钱呢？"雇主说："你为什么要抱怨呢？我们一开始就已经讲好了一钱，你现在反倒质问起我来，我自问并没有什么亏欠你的。"

我们很多时候，便是将自己放在了早晨进来做工的那个工人的位置。公不公平，大多数情况下是一种主观感受，这种感受来源于比较。我们会不自觉地拿自己跟周围的人比、跟周围的环境比，有时候我们甚至会拿自己跟动物比。我们比较男人与女人到底谁活得更加艰难——男人赚钱养家不容易，女人生孩子持家不容易；我们也比较青少年与成年人谁活得更加艰难——少年人读书压力大，成年人工作压力大；我们还比较自己的工作与别人的工作——自己的工作有多艰难，而别人的工作有多轻松。但是，让我们来看一看我们究竟在比什么？我们根本不用去比，在我看来这种比较显得多余。我们小时候容易“被比较”，长大了又不自觉地主动去比较。的确，比较时常能够帮助我们找到差距，让我们进步，我们需要这些积极的比较。但若是做了比较，让自己感觉浑身不自在，全是消极的后果，那为什么还要去做比较呢？

但有些时候，如小 C 与小 D 的遭遇，不公平待遇的感受并不单单来自比较，而是来自规则。单单我在法医工作中遇到的，有些甚至在我自己看来都觉得是不公平的事。但法医验伤的规则与范围已经被框死了，我们就在这个条款规定的范围里面活动，就像孙悟空给唐僧画的圈，出圈了就要出事。比如，一根肋骨线性骨折，可能有人觉得都骨折了，肯定非常严重了。可抱歉，一根肋骨线性骨折也只是轻微伤。这是由于每个人的认知与规则的抵触而造成的不公平。规则的制定，是为了限制我们的某些行为活动，虽然它不可能对每个人都公平，但一定要相信，它保护了包括你在内的绝大多数人的公平。最好的方法，是不要去抵触规则，便不会存在公平或不公平之说了。

所以，我常以为，这个社会不会对任何人绝对公平，命运也时常有不公的时候。照这个角度去想，你便不会觉得自己有多被不公平对待了。因为只从“命运对所有人都有不公的时候”这个角度来说，命运对每个人都一视同仁。

坚持的正义

这次要讲的故事，我们先从故事的结局开始说起。

在小维心里埋下不安的种子，是在半个月前，母亲上吊自杀了。小维还有一个妹妹，母亲临走时，把小维叫到身边，说了很多奇怪的话，还让小维以后要照顾好妹妹，姐妹两个一定要健康地长大。那是母亲最后一次跟小维说话，那天晚上再看到母亲时，她已经挂在卫生间里，没有了呼吸。对于一个十岁的孩子来说，小维还不太明白发生了什么，看着身边只有三岁的妹妹，小维有些茫然。

缓过神来，姐妹两个终于明白，那个日夜照顾她们的人不会再回来了，悲伤成了两个孩子所有的情绪。她们不喜欢孤儿院，所以被接到了外婆家。外婆家还有三个孩子，姐妹两个在这里并不开心，因为外婆家的孩子一直欺负她们。每次小维看到他们欺负自己的妹妹，都跟他们打架，可他们是男孩子，小维打不过他们。外婆家的人也都护着男孩们，小维觉得这太不公平了。

最让小维难受的，是那些孩子对姐妹俩的讥讽与嘲笑。有一天，小维在跟外婆家的孩子吵完架之后，拿了一块石头打在了其中一个孩子的头上，那孩子流血了。外婆家的大人们辱骂了小维，还用竹条打了她。小维很难过，带着妹妹离家出走了，再也没有消息，直到现在，谁也不知道她们在哪里，是死，还是生。

这是个让人心痛的结局不是吗？这一切的源头，当然是小维母亲的自杀。然而，她为什么要自杀呢？因为一名法医的坚持。

时间退回到小维母亲自杀前的两天。

法医在勘查一具高坠的尸体时，发现了一些不寻常。尸体的口腔里散发出浓烈的酒味，显然在生前喝了不少酒。头部左侧颞部有创口，左颅骨有骨折，右侧肋骨、右手臂跟右腿也有骨折，这些损伤都可以由高坠形成。然而，这些损伤的排布有些异常。更加异常的是，尸体的双手腕、双上臂有不同程度的擦伤，这些擦伤平行排列，宽 0.5 厘米到 1 厘米。

据死者家的女主人说，死者晚上在外面喝了不少酒，很晚回来，路都走不稳。回来之后他说要去阳台吹会儿风清醒清醒，因为阳台是半开放的，只有一个高大约一米的护栏，最后大概是靠着阳台护栏时不小心从阳台坠落。

这个女主人就是小维的母亲，而死者便是她的丈夫、小维的父亲。这一切看起来挺正常，平时工作中醉酒高坠的事也常有发生。但死者几处损伤的排布让法医有些担心，头上的创口与骨折在左侧，而身体的损伤却主要集中在右侧。法医看了看坠楼位置与尸体的位置，中间并没有任何阻挡物。这是一个疑点。法医问小维的母亲，死者在生前有没有受过伤。小维的母亲面对这突然的询问有些慌张，甚至还有些愤怒，但还是摇头表示死者生前并没有受伤。

公安机关又对小维的母亲进行询问，但这个女人依旧一口咬定死者就是自己不小心从楼上掉下去的。法医还是有些不放心，决定把尸体暂存在殡仪馆，最好还要进行解剖检验。

小维的母亲显然不想要把尸体放到殡仪馆去，更不可能同意解剖。但公安机关还是强制把尸体运到了殡仪馆，存放了起来。为此，小维的母亲还带着她跟她的妹妹在公安局门前大闹了一番，说公安局强抢她丈夫的尸体，要让公安局把丈夫的尸体还给她们，让丈夫好好地走。一家三人，都是柔弱的女子，这番场景引得不少群众驻足，拍照摄像，议论纷纷。

法医承受了不小压力，领导们几番向他确认，这起案件是不是真的有问题，头上的损伤跟身上的损伤不在同一侧，以及双手的擦伤能够说明什么问题。法医解释说，肋骨、手臂、下肢的骨折都集中在右侧，说明死者坠楼接触地面时是右侧着地，作用力使得右侧身体的损伤严重。然而头部的损伤在左侧，这显然不是一次作用力能够造成的。另外从双上肢擦伤的排列、宽度、损伤程度不难推断出，这些损伤极有可能是由指甲抓划形成的。领导提出是不是落地后有两次作用力，一次是在右侧，然后反弹之后又在左侧头部有一次作用力。法医觉得这种情况不太可能。领导问法医有多大的把握，是不是能够肯定。法医说，至少在自己的认知范围内，这两侧的损伤应该需要两次不同的作用力，一次下坠不足以形成。而双上肢的损伤提示死者生前与他人有过肢体接触，双方至少存在相互拉扯的动作。

于是，公安机关决定，对尸体进行强制解剖，并将此事通知了小维的母亲。

而就在解剖的第二天，小维的母亲上吊自杀了。她在死之前，留下了一封遗书，把这件事情原原本本讲明白了。

小维的父亲长期以来对小维的母亲跟两个孩子有严重的虐待行为。那天晚上，小维的父亲又喝醉了。回家之后，他便开始发酒疯，辱骂自己的妻子。然而，那天晚上，他还做了一件让人咬牙切齿的事情——他想强奸小维，那可是自己十岁的女儿。小维的母亲便跟他拼命，为什么这个男人会想干这样禽兽不如的事情！在推搡的过程中，因为醉酒本来就站立不稳，男人跌倒了，左侧头部正好磕在了桌角，晕死过去了。小维的母亲以为他死了，自己杀了人，心里很慌张，想报警，可是看到两个女儿又放心不下，万一自己去坐牢了，谁来照顾她们？于是，她把男人拖到了阳台，推了下去。

然而，公安机关并没有被骗倒。眼看自己的行为就要暴露，小维的母亲再也承受不了压力选择上吊自杀，留下了两个年幼的女儿。于是，便有了前面的故事。

有人可能会想，如果不是当时法医的坚持，可能这件事情就这样过去了，小维的母亲便不会自杀，两个孩子还会有人照顾，她们甚至逃离了恶魔的手掌，能够过上比以前更好的生活；两个孩子不会失去母亲，不会遭人嘲笑与白眼，也不会失踪，生死不明。或许，这一切的悲剧，都是一个坚持正义的人造成的。所以，你一以贯之的正义，到底是什么？

我不会在这里回答这个问题，因为每个人心中坚持的正义，或许都是不一样的。但我仍旧要说，若我是故事中的法医，大概也会像他那样去做吧。

我有一个孩子，他今年三岁

一

我有一个孩子
他今年三岁
对于我，他很特别

他的睫毛很长
就像被春风修剪过的柳叶
他的眼睛很亮
就像黑夜里悬在天空的明月

有时候，他很安静
一个人看书、背诗
有时候也很吵闹
在家里来回奔跑
用尽力气尖叫、嬉笑

有时候，他很乖巧
一个人夹菜、一个人吃饭
有时候也很调皮

把所有的玩具都拿出来
扔了满屋，却不整理

他喜欢被人抱起来
看马路上来往的汽车
他也喜欢睡在我的肚子上
说那是龙猫的肚子

有时候，我会凶他
他便双眼紧闭
哭着向我抗议
眼泪总会与哭声一道出现
哭了一会儿，又停下
睁开眼看看我
要是我依旧板着脸
便又接着闭上眼睛
这下，哭得更响了

他睡着的时候最可爱
像极了天使
那软萌的模样
忍不住让人想要亲一口

我一直感叹时间太匆忙
希望他慢慢地长大
心里想着
要是这个孩子永远都只有三岁
就是现在的模样
那该多好
因为他，真的是那么特别

二

我面前的这个孩子
他今年三岁
这是我第一次见到他

他的衣服湿透了
被剪掉后零乱地扔在一边
他的周身包裹着一条蓝色的抱被
是新买的，上面有宇航员的图案

周围原本号啕的哭声
在我耳边变得越来越远
我只能感觉到眼前的这个孩子
他的身体
甚至还长不过我的一只手臂

我轻轻打开包裹着孩子的抱被
原以为已经做好了准备
但这个躺着的小小的人儿
还是重击了我的心脏

孩子很安静
他的眼睛紧紧地闭着
有些潮湿的睫毛贴在眼皮上
已经失去了所有的生气

他的两片嘴唇微微发紫
是不是曾经
也说过许多让人哭笑不得的话呢
他的两个手臂软得让我感觉不到重量
是不是曾经
也挥舞着
或者展开着，想要抱抱呢

我竭力让我所有的动作
都保持轻柔
我更愿意相信这个孩子
只是睡着了

我怕弄疼他
那样他会哭吧

一阵阵的酸楚
一次次地涌向我的泪腺
我眼前的这个孩子
在这个世界上短暂地停留之后
又离开了

最后
我又轻轻地把抱被给他盖上
还是
让他好好睡吧

我提着箱子
挤过人群、准备离开
人群中，我听到有人喃喃地说着：
那是我的孩子
他今年三岁了
他将永远，都是三岁

我对这个孩子记忆犹新，因为他正与我自己的孩子年纪相仿。

我见到这个孩子是在医院的抢救室里，医生刚刚停止了抢救，宣布了他的死亡。孩子的母亲、奶奶都已经泣不成声，号啕声在抢救室里显得格外响亮，但没有人上去制止她们。

我看到孩子小小的身躯躺在病床上，只占了病床的一半。上衣已经被剪掉，胸前还贴着抢救时贴上去的医用电极片。湿漉漉的头发贴在前额，嘴角有一丝晶莹的水柱流出来，似乎在告诉我不久之前他曾经在水里拼命挣扎过。

我的鼻子一阵酸楚。虽然我明白，这只是我看过的许多溺水死亡事件中的一个，但这次不一样，对方是个孩子，他才三岁，只比我的孩子早出生了两个月。三岁的年纪正是好动的年纪，我的孩子便是。然而现在在我眼前的这个孩子，脸上却是阴沉的暗灰，仿佛阴郁的天气，把阳光全都挡在了视线之外。

我甚至没有办法去同孩子的家属沟通——孩子的父母大概与我也差不多年纪吧，我不知道他们此刻正承受着怎样撕心裂肺的疼痛。检查孩子尸体的时候，我能感觉到我的手有些颤抖，我真的害怕会弄疼了他。

在我工作的这么多年里，我见过不少孩子的尸体，最小的甚至只出生十多天。他们之中，有因为意外死亡的，有被父母遗弃的，甚至有被残忍杀害的。每次看到这些孩子，我的心里总会有说不出来的难过。尤其是在我做了父亲之后，这样的感情便格外强烈，每次看到那样的场景，我都会不由自主地想到我自己的孩子，那一刻，我想抱抱他，告诉他，爸爸爱你。

我认识的不少法医，他们都曾经告诉我，最不愿意见到的便是孩子的死亡，最不愿意解剖的便是孩子的尸体。是啊，这大概是人之常情，孩子是我们心里最柔软的部分。他们是那样朝气蓬勃，我们从未将他们同“死亡”联系在一起。然而人世间有多少无常，当我们不得不面对孩子们的死亡的时候，我们为此感到痛心疾首。

所以，我的孩子，我愿意多看你一眼、多抱你一下、多陪你玩一次积木、多给你讲一个故事。孩子啊，愿你平安，那是爸爸最大的心愿。

我为什么不想让自己的孩子做法医

我很幸运，我的父母都很支持我做法医。在当初填报专业时，他们都很尊重我的选择，并没有因我要读法医而对我横加阻挠。我记得我在收到录取通知书的时候，他们同我一样开心。

然而，并不是所有的父母都会同意自己的孩子长大了去选择法医作为自己的工作，至少我了解到，有不少家长对此持反对态度。如今，我也成为人父，不禁会想，我会希望自己的孩子长大后从事什么职业呢？如果他长大以后也要做法医，我会同意吗？答案似乎很遗憾，我并不愿意自己的孩子从事与我一样的职业。

这几乎是所有父母的“通病”。我问过做医生的朋友，他们说绝不会让自己的孩子长大后也做医生；我也问过做金融的朋友，他们说绝不会让自己的孩子长大后从事金融行业；当然，我还问过做警察的朋友，他们也说绝不会让自己的孩子长大后做警察。产生这种现象的原因，大概是自己从事着这一行，已经太过了解这个行业，无论是前途还是行业中的阴暗面，所以不想让自己的孩子也从事这一行业。那我为什么不想让自己的孩子做法医呢？

最主要的，当然是法医这个职业工作的环境时常是脏乱差。这几乎是公认的一个事实，虽然现如今法医的工作环境在不断改善，但与尸体打交道时依旧免不了面对不良的甚至是有害的环境。曾经有一起案子，民众的关注度很高，媒体也一直在跟进。当我通过媒体看到警方在小区化粪池寻找失踪人员的人体组织，最后确定犯罪嫌疑人后，我的感觉或许跟大家很不一样。大多数人会为这个消息欢呼雀跃，然而我看到的却是法医在化粪池中搜寻这些人体组织时的辛苦——大多数人看到的是完满的结果，而我看到的是艰辛的历程。

我虽然为同行的敬业精神感到敬佩，但也同样感觉到做一名法医的不易。法医时常会面对这样的环境，很多都可能是普通人无法想象的，要知道，那不是消过毒的清澈的泳池，而是充满污秽、充满毒害的地方。

这些污秽与毒害隐藏在我们干净整洁的城市的阴暗角落里，但正是这样的地方，成为犯罪最好的躲避之所。所以时常有人说，法医需要有超越常人的心理素质。我想这超越常人的心理素质，并不是在看到尸体时内心的害怕与不安瞬间消失得无影无踪，而是在面对常人不可能面对的事物时，还有迎难而上的决心与勇气。

但我并不希望自己的孩子有这份决心与勇气，我不希望他也需要面对这样的场景，正如我不希望他看到这个社会隐藏在阴暗角落的污秽，有着不可想象的没有阳光照射到的地方。

这是我不愿意让他从事法医的另外一个原因。死亡，本就是人们不太愿意提及的一个词语，然而在公安系统中做一名法医，你会看到许许多多比死亡更加可怕的东西。你能从案件里感受到几乎你能想到的所有负面情绪——焦虑、紧张、愤怒、沮丧、悲伤、痛苦、抱怨、自责、悔恨、担忧、不安、郁闷、伤心、难过、失望、烦躁、惊恐、生气、寂寞、害怕、恐惧、气愤、怨恨、忧心、仇恨……如果自己不够阳光，那便会被黑暗吞噬。

很奇怪的是，我见过的法医都是非常乐观与阳光的人，只是说实话，我并不想要自己的孩子一直在这样的情绪中工作与生活。

或许可以的话，我想要他从事一个没有多少忧虑的职业，比如自己画些画，或者做做科研。然而我知道自己的这些想法也是幼稚的，无论从事什么职业，都是需要与人打交道的。有人的地方，便有江湖。

所以这些都是父母白白的担忧不是吗？何必去左右孩子们想要去做的事情呢？他们或许的确没有大人们见多识广，但父母需要做的，只是建议与引导，而不是命令与逼迫。尊重孩子的选择，因为他是一个独立的人，他有自己独立的思想，总有一天他会离开父母。我希望他成为什么样的人？我只希望他去成为他想成为的人。这才是父母对孩子的尊重。

所以，如果有一天他问我：“爸爸，你想要我从事跟你一样的职业吗？”我会把上面的话说给他听。然后，让他自己选择。

下篇

关于法医

第一节 — 1

真正的法医

法医，这个曾经神秘的职业，如今正悄然走向大众的视野。很多人都已经知道，也开始了解、接受这个职业。但如果大家了解法医的途径仅仅是小说、影视剧等，那你对法医或许还只是一知半解，甚至可能与真实的情况千差万别。不少人想要学习法医、从事法医的念头可能便是源于这些文学或影视作品，当然也有一些人可能对法医的确很感兴趣，但仍有不少疑惑与犹豫。这两者其实对“法医”都缺乏足够的认识。另外，很多家长对孩子学法医是一万个不支持，尤其是女孩子们的家长。如此孩子们便会更加犹豫了。所以，如果大家能够更加全面地认识这个职业，那么无论是择学还是择业，或许都将会有更加明确的方向。

法医学在大学

1. 关于法医学。本科的法医学类归于医学门类，目前在国内，一般由医学院校开设法医学。虽然法医在日后的工作中可能更多承担的是有关法律方面的任务，为案件侦查提供帮助、为民事刑事案件提供依据、为诉讼提供服务，但法医学的根本与基础还是医学。所以，一般公安类学校可能会有法医学的选修课，但并没有法医学系。

2. 法医学的学制。法医学的学制为五年，也就是你需要比其他大多数专业多读一年的大学，毕业后取得的学位是医学学士。与临床医学不同，法医学没有本硕连读或者本硕博连读，所以在本科毕业后，可以选择直接就业，也可以选择报考法医学的研究生。目前，法医学本科生仍旧可以报考临床专业的研究生，但仅限于学术型研究生（以科研为主），而不能报考临床专业型研究生（以临床为主）。

3. 法医学的学习模式。一般来说，各个医学院校的法医学系的学生并不会很多。不同的院校人数差异可能比较大，从十几个到六七十个不等，大多数院校一般每届只招收二三十个学生。有些大学目前采用的是定向招收的办法，如 2021 年华中科技大学同济医学院法医学系只针对湖北省、河南省、江西省三个省份招收法医学系的学生。正因为法医学系的学生数量不多，所以一些院校在安排法医学系学生临床医学课程内容的学习时，会把法医学系与临床医学专业的学生安排在一起上课，我们称之为“大课”（如内科学、外科学等，大课教学会有上百人同时上课）。

4. 法医学的学习内容。第一学年，所有人几乎都一样，会学习高等数学、大学英语、高等化学、思想政治等基础课程。

第二学年至第四学年，与临床专业的课程一样，学习医学基础课程，主要包括系统解剖学、局部解剖学、病理学、病理生理学、生理学、组织与胚胎学、生物化学、微生物学、寄生虫学、免疫学、药理学、眼科学、手术学、内科学、外科学、妇产科学、儿科学、耳鼻咽喉与头颈外科学、影像学、中医学、口腔医学、护理学、皮肤性病学等，同时在大三学年将会安排至医院进行临床见习，大四学年安排至医院进行临床实习。

第五学年，上半学期进行法医专业教学，课程主要包括法医病理学、法医临床学、法医物证学、法医毒理学、法医毒物分析、法医精神病学、法医人类学等。大五下半学年会联系至公安机关的法医部门进行实习。（有些院校的课程安排可能会有不同，但教学内容大致一样）

法医学的就业方向

法医学毕业生的就业率非常高。由于法医事业的快速发展，我国对法医专业的毕业生需求比较大，近几年我就读的学校的法医专业毕业生，就业率基本保证在100%，并且只要你毕业之后想做法医，基本上都能够找到合适的岗位。

法医的就业方向基本上有以下几种。

1. 公、检、研：多年之前应该再加上一个“法”，也就是法院，不过目前法院系统已经逐渐开始取消法医部门，不招收法医。这几个部门有一个共同的特点，简单来说就是吃公家饭的。

“公”是公安机关，目前我国公安机关的法医体系逐渐成形，公安部、省公安厅、地市级公安机关及县区级公安机关已经形成了四级的法医体系，公安机关的法医队伍也是我国最为庞大的一支法医队伍。“检”是检察院，目前不少基层检察院甚至是市检尚没有法医。

“研”是研究机关，如司法鉴定科学研究院，它是司法部直属的司局级科研事业单位，地处上海。

这些单位就业的主要途径是通过公务员考试。每年国家与全国各个省市都会有公务员招考，国家组织的叫国考，各省市组织的叫省考。依据各单位中法医岗位的人员配备情况，国考与省考会有专门招收法医专业毕业生的岗位，通过笔试、面试、体能测试、资格审查、政审等步骤，便可能进入公安部门或者检察院从事法医工作。

这个选择的缺点在于，你很难回到自己的原籍就职。各地招收法医的目的是填补空缺（一般基层公安机关法医部门的标配是三人），只有有需要时才会计划招人。而恰好在毕业那一年，又恰好自己原籍的公安机关要招收法医时，才可能回到原籍工作。在我认识的法医里，大多数都不在原籍工作。

另外，在 2010 年之前，由于有些地区急需法医学毕业生，这些地方的公安部门会到学校里进行法医学毕业生的特招，而不需要进行公务员招考，但目前随着公安法医队伍的逐渐成形，这样的特招已经越来越少。

2. 社会司法鉴定机构：除去公安机关与检察院，社会司法鉴定机构是法医毕业生去向最多的地方。社会司法鉴定机构近几年发展迅猛，里面几乎涵盖了包括痕迹类、文检类、法医类、交通事故类、声纹类等各个方面的检验鉴定。在这类机构工作主要是合同制，除了基本工资，收入也跟自己接手的检验鉴定的量相挂钩。相比于公安机关与检察院，社会司法鉴定机构人员的流动性比较大。

在这里，必须说明一下公安系统的法医与社会鉴定机构的法医的不同之处。简单用一句话概括就是，公安机关的法医主要承担的是刑事案件中的司法鉴定工作，社会鉴定机构的法医主要承担的是民事案件中的司法鉴定工作，这是职责的不同，也是最根本的不同。

3. 保险公司：在保险公司里，因为保险赔偿要与人身伤害的严重程度相匹配，所以涉及人身伤害的保险，也需要有法医专业的人对人身伤害进行鉴定，以明确损伤的程度。

4. 留校：读研考博，留校做老师、搞科研，这是每个专业都有的。除此之外，不少医学院校的法医院系也都有自己的鉴定机构，对外承接各类鉴定工作，这些鉴定工作包括法医临床、法医病理、法医精神病等各个学科。医学院校的对外业务主要来自当事人的个人委托、医院的委托、公检法系统的委托等，当然也都是有偿的。由于得天独厚的科研优势，医学院校对一些疑难杂症的研究在行业内会比较领先。在做这些对外业务的同时，这些院系还要承担一些科研任务，当然也要对法医学本科生进行授课。

关于法医本科毕业后是考公务员就业还是考研继续深造，也是不少人难以选择的。在我本科快要毕业时，大多数老师给我们的建议是能够考上公务员就不要选择考研。就基层公安所能涉及的法医工作来说，本科所学的法医学内容基本能够满足工作需要。并且基层公安对法医的需求量并不高，一般一个县局有三名法医，只要没人退休就不会再招收法医。所以用老师的话说便是，“能早些占个位置就早些占个位置”。选择考研的好处是可以对法医学中的某个方面有深入的研究，如果以后想往科研、专家型人才方面发展的话可以考虑。考研也有好处，各省的省公安厅法医部门在招收法医时一般会要求学历是研究生，但全国一共只有三十多个省，并且还有一部分是通过从基层选调招收法医，所以如果读完研仍旧只是想考个公务员寻求安稳工作的话，多少有些不划算了。但任职后，拥有研究生学历将会使职务序列晋升加快，这算是研究生学历一个很大的优势。

法医这个职业

1. 法医的主要职责。（1）公安机关：目前公安系统中主要有两类法医，内部会这样称呼他们——现场法医与实验室法医。现场法医主要从事两类工作：一是人体损伤程度的鉴定，属于法医临床的范畴，简单来说就是打架斗殴受伤了，法医来鉴定一下受伤一方的损伤程度。二是对非正常死亡尸体进行勘验，其中对命案尸体、疑似命案尸体、未知名尸体等需要查明死因的尸体进行解剖检验，即法医（大体）病理方面的工作。实验室法医主要从事 DNA 检测的工作，属于法医物证的范畴。目前不少省份均开始大力发展县区级公安机关 DNA 实验室的建设。随着这些实验室的逐步建立，这一块工作对法医专业毕业生的需求比较大。由于现场法医往往需要一天之中不分时段出现场，而且需要进行搬运尸体等体力活儿，所以不少地方在招收现场法医时会将性别限制为男性。相对于现场法医，实验室内从事 DNA 检测的岗位对性别一般没有特殊要求，对女生也非常友好。

（2）社会司法鉴定机构：在这些机构里，法医主要也是从事法医临床、法医病理、法医物证三方面的工作，但其中会分得更加细致。例如法医病理，公安机关只进行大体病理也就是尸体解剖，而司法鉴定机构里不光要解剖，还进行法医显微病理，也就是标本切片镜下观察诊断的工作。法医临床里，会专门开设一些疑难复杂的检验鉴定，如视力鉴定、听力鉴定、男性性功能鉴定等。就像前面所说，社会鉴定机构的司法鉴定会更加倾向于民事案件，所以涉及的方面更加广泛，如交通事故伤残鉴定、工伤事故伤残鉴定、医疗事故鉴定等，一般都由社会鉴定机构进行。

2. 法医的工作环境。这大概是大多数家长不同意自己的孩子学法医专业的主要原因，因为家长们只要一想到自己的孩子会一直与尸体打交道，心里总是会不舒服，工作环境肯定也不会好。家长们这方面的忧虑是可以理解的，法医的工作环境有时的确不太好。

一方面是尸体本身。法医接触到的尸体不像大学学解剖学那会儿由福尔马林固定，实际上，法医接触到的不少尸体的腐败程度，会让人非常不愉快。你必须在众人都避之不及的情况下面对这些味道非常浓重、样貌非常瘆人的尸体。别以为自己可以忍受这些刺鼻的味道，实际上，这些从腐败尸体身上散发出来的气体都是有毒的，吸入后会对身体造成一定的伤害。不过随着科学技术的发展，法医的工作环境正逐渐变得越来越好，防护措施也越来越完善，但尸体总是不可避免的，这方面得做好足够的心理准备。

另一方面是尸体所处的环境。尸体所处的环境可谓千奇百怪，只有你想不到，没有尸体躺不到。家里、车间里、KTV 包厢里，这些室内的都不足为奇；水里、山林里、草丛里，这些室外的也没有什么好惊讶的；臭味熏天的粪坑里、垃圾处理站山一样的垃圾堆里、充满可燃气体的沼气池里，这些地方可能够让你恶心很久，关键是有些环境本身就足够危险，一不小心自己也会受到伤害。

尸体解剖会有解剖室，目前大部分公安机关的解剖室设置在当地的殡仪馆里，如果你碰巧要去殡仪馆，可以仔细找找那个挂着“公安解剖室”门牌的房间，那里就是专门解剖尸体的场所。不同地方的解剖室的条件也不尽相同。我所在的公安局在几年之前，解剖室的条件还不是特别好，照明、排风都很简陋，解剖尸体非常难受，有时候甚至会趁殡仪馆没人的时候把尸体放在室外检验。现在解剖室重新建造了，条件好了不少，尤其是拥有一个强大的新风系统对法医检验尸体来说非常重要，它决定了你会不会在解剖时吸入从尸体身上散发出的气体。有些地方，特别是山区，搬运尸体非常不便，尸体又必须立刻检验的，也会出现就地解剖的情形。所以，如果你没有三更半夜独自待在殡仪馆面对尸体的勇气，或许也不用考虑做法医这一行了。

当然，除了看尸体，其实我们平时大多数的时间还是待在办公室，需要验伤时会有专门的法医门诊室，如果伤者还在住院的话会去医院进行验伤工作，这些工作跟普通上班族并没什么区别。

总的说来，法医的工作环境大部分时候没什么问题，只是在碰到一些特殊的尸体时才会比较难受。不过，只要你热爱法医这个职业，在做好充足防护的前提下，这些都不是问题！

3. 基层公安从事现场法医的现状。大部分想要读法医学的同学，基本上都是冲着现场法医去的，也就是帮助破获命案、抓住凶手，这会让人觉得十分有成就感。现实情况是，在治安比较好的一些地方，命案每年一般都在一只手的手指头的数以下，疑难命案就更少了，十几年甚至几十年以来的疑难命案都屈指可数。现在有太多的手段能够帮助查案，并且比法医高效得多，唯独需要靠法医解决的命案已经很少很少。

所以，电视剧里演的法医个个都是破案能手的情形在现实中其实并不多见。在现实中，破案从来不是法医一个人的事情，而是需要多部门的协作。每当发生一起命案，最先到场的肯定是辖区派出所的处警民警，然后是包括法医在内的技术部门，之后会有一大批人上阵——看视频、走访调查、信息研判……当然，这些人会在指挥长的指挥下有序地进行工作。之后，负责每块不同工作的人会将信息进行汇总，而法医则主要针对尸体方面进行汇报，包括尸体身上的损伤、死亡原因、死亡时间等。如果是命案，那么法医负责的涉及尸体的问题，才会显得比较重要。

那法医为什么会给人很厉害的“错觉”呢？其实不光是对普通民众，就是有些公安机关内部的人也会觉得法医很厉害，原因就是对法医的不了解。有些人会觉得，法医竟然能从尸体上得到那么多信息，“不明觉厉”。不过，如果你是内行，就会发现其实很多都是非常常规的工作，并没有那么神秘。

相对于命案，法医更多的精力会花在损伤程度的检验鉴定上，因为这方面的工作量比尸体多好几倍。并且，在损伤检验鉴定方面，会产生更多的疑难问题，需要花大力气去解决，甚至会有一些问题无法得到解决。

除了法医的本职工作，因为身处公安系统中，在工作中往往需要服从上级的安排。所以工作内容并不只有法医工作，还需要完成其他各种上级安排的任务，如巡逻、站岗执勤、出差抓人、审讯、内勤、办案等，有些伤害案件或者尸体较少的地区，甚至直接安排法医去了别的工作岗位。

关于法医，看完这些，或许才能从中窥见一斑。不过还有一个很重要的问题，女生会特别关注，那便是女生到底适不适合做法医？

不少女生对法医这个职业的观感可能是这样的——无比向往却又怀着一丝丝的胆怯，感觉法医这个职业就像是你暗恋的男神。网络上其实有不少女生在询问这个问题，很多人也都是劝女生不要选择法医这一行，原因是法医这工作又累又脏，实在不适合女生来做。要我说的话，我也会告诉女孩子们——慎入。但或许我们也可以抱着辩证的态度来看待这个问题。

首先有一点需要指明的是，如果你只是看了电视剧、小说而想做法医，以为法医真的非常酷、非常厉害，那我劝你尽早打消学习法医的念头。我也看过不少以法医为主角的片子，无论是国内的还是国外的，几乎都把法医塑造成了一样的形象——穿上白大褂（有的甚至解剖服都不穿直接解剖），拿起解剖刀，眼神犀利似乎一眼就能洞穿真相，单位所有人都指望着你去破案。并且工作环境好，解剖室比家里的客厅还要宽敞明亮。啧啧啧，别想了！这一切都是假的！假的！

不过，若是你对法医已经有了全面的了解，知道法医这个职业的特点，能够接受法医工作中遇到的各种问题，并且有足够的毅力与勇气去承担法医工作中的各种难处，仍旧一门心思想要学法医，那我会对你表示支持，欢迎你加入法医的大家庭。有一点要相信，没有任何一个职业只适合男生去做，女生也可以在法医这个职业中发光发亮。

当然，以上所有关于法医的描述与见解，也都只是我个人的盲瞽之言，如果你能够博采众长那就更好了。

公安基层法医值班的一天

很多人会很好奇，在基层公安任职的法医每天都要做些什么。不少人的脑海中一定会第一时间闪现出法医解剖的场景，其实法医哪有那么多的解剖需要做。法医值班的一天往往是这样的。

上午 8：30　到单位，换衣服（不是解剖服，是警服），打开电脑，倒杯水。

然后开始祈祷今天值班天下太平。运气好的话的确没问题，运气不好的话……

上午 9：00　电话来了，一看是派出所的兄弟，便知道是找我验伤的。

打电话找我可能分为好几种，有些仅仅是咨询一番，有些则会与我预约时间，带伤者前来验伤，还有一些行动不便的伤者，需要法医外出会诊。我一听电话，是前一天晚上喝多了酒打架的，鼻子查出了骨折，等会儿要把受害人带过来看看。我欣然应允。

上午 9：15 对伤者进行检查。

鼻骨骨折最主要的是对影像学片进行阅读，而被鉴定人体表可以用肉眼观察到的损伤不多，经常出现的症状会有鼻根部的红肿、压痛，鼻腔出血，有时也会存在皮肤裂伤。在询问病史、拍照固定受伤处之后，派出所的兄弟便把被鉴定人带回去。剩下的便是对被鉴定人的就诊影像学资料进行阅读，以进一步明确损伤程度。

上午 9：30 阅片。

运气好的话阅片会很顺利，运气不好则可能又是一个疑难的案例。碰到疑难案例时，法医室的几名同事会一起商量，发表各自的意见。如果几个人能够形成统一的意见，那便可以按照这个意见进行下一步的工作。有时候，被鉴定人在医院拍摄的影像学片质量参差不齐，我们便会建议被鉴定人去复查，重新再拍个片子。但如果拍过几次片子都无法下定论或者几人之间不能形成统一的意见，那就会请教上一级的法医部门，让他们进行指导。再疑难一些的案子便会找有关方面的专家，毕竟术业有专攻嘛。

上午 10：00 正在阅片讨论时，电话又来了，又是验伤的，这次需要出门。

如果运气不好的话，电话的确会接二连三。我曾经最忙的一个班头——其实那天运气还算好，没有碰到非正常死亡，但光是看伤就看了十二个，而且其中有十个都是需要出具鉴定意见的，一下把我接下来几天的工作都安排好了。

上午 10：15 出门验伤。

有些地方的法医部门会自己配车，有些地方则没有。我倒觉得不配车也挺好，出门验伤会有人接，省得自己开车。更关键的是，若是去医院倒还好，认识路。可还有一些被鉴定人是出院之后在家里休养的，尤其是农村里，七拐八绕的路立刻让人晕头转向，有时候甚至导航都不一定能够导得到。所以，不用自己开车省心多了。

上午 11：30　回程。

出门验伤短则一个小时，长则半天时间，有时候还得顺便把午饭解决了。毕竟基层法医要负责整个县区的验伤，有时候就像被鉴定人住在农村的情形，光找过去都得花个把小时。还好这次是在城里的医院，不过前前后后检验伤者、查阅病历、询问医生，也花了不少时间。

上午 11：45　登记、整理。

把上午的工作登记、整理一下，一上午就结束了。无论是检验活体还是尸体，工作的登记必不可少，这样做能够让自己的工作有迹可循，就算多年后也能查到什么时候、哪个单位委托看了个什么现场。曾经有好几次，有人问我七八年前看过的现场，光凭脑子肯定是记不住的。不过有了记录，再翻翻拍的照片，肯定能够回忆起来。此外，清晰的台账还可以让这一年的工作一目了然，有助于工作的总结。

中午 12：00　到了最喜欢的吃午饭时间！

法医能在单位吃午饭的时候不多也不少。有时候值班经常会在饭点去现场——而似乎轮到我值班时这样的现场尤其多，或者看完现场已经过了饭点，这个时候便只能在外头解决。所以，你要问哪个乡镇的哪家店好吃，问同法医一道出现场的技术员肯定没错——

羊汤、牛杂汤、面、烧卖，我们总能带你找到最好吃的那家。

中午 12：30　吃完饭，可以午休一下，当然前提是没有现场。但愿没有现场。

下午 1：30　下午开始了，睡了个好觉，精神不错。

“叮咚”，手机来了消息，原来是下午 2 点要开会。你别说，有时候会议的确不少，但在工作时间开的其实并不多，大多数会议在晚上下班之后或者周末白天，能不占用工作时间就不占用工作时间。会议的类型多种多样……

下午 2：00　准时开会。

汇报一下工作，学习一下上级下发的文件，讨论一下考核……开会的时候我倒是希望能来个电话叫我出去，看伤也好，就算是看非正常死亡也好，反正我就是不想开会……

下午 3：45　电话再次响起来。

会议终于结束了，结果我还是待到了会议结束。不过这会只开了不到两个小时，算是比较短了，比上次开三个半小时要短多了。开完会我又希望电话不要来，我还是喜欢在办公室里坐着。结果，电话还是很不配合地响了起来。一看，还是同为技术部门负责现场勘查的同事，我知道一定是非正常死亡。

现在现场勘查的同事给我打电话，都不说非死不非死了，他只要电话里说“嘿嘿，走吧！”我就知道是什么意思。不过还是好烦躁，又不能准时下班了。算算现在这个点，距离下班一个多小时，看个非正常死亡的现场怎么说也要两个小时。我只好告诉家人，晚饭不用等我了。法医的家人对这种事估计已经习以为常，至少我的家人是这样。我只要告诉他们我不回家吃饭了，他们铁定就知道又发生了什么不得了的事。

晚上 6：50　勘查现场、勘验尸体。

这个现场比预想的时间要长一点，因为现场在与临县交界的农村，来回的路程就花了一个多小时。我们到达现场之后，尸体还在河里尚未被打捞上来，所以还得先等打捞队把尸体从河里打捞上来。不过从现场走访以及勘查、尸表的检查来看没什么问题，是一个老人在河边淘米的时候不小心跌入了水里，一次意外事件。

晚上 7：45　跟同事一起在外面吃了晚饭之后，终于可以回家啦。再次祈祷，晚上千万别再有啥事了，平安一夜！

第二天凌晨 2：45　迷迷糊糊中听到手机在响。

看来睡前的祈祷没有起到作用，微弱的手机铃声还是把我吵醒了——如何毁掉一首你特别喜欢的歌？普通人可能会这样回答："把它设置成起床的闹钟。"不过，当你问一个法医这个问题，他可能会这样回答你："把它设置成手机铃声。"然后，不管是洗澡吃饭，还是夜深熟睡，这首"最喜爱的歌"总能不分时间突然响起，打断你正在做的一切事情。这首歌常相伴，为你的生活"增色添彩"。

不过我的睡眠总是特别浅，尤其是轮到值班的那一天，总睡得不安稳。不用多想，能在晚上打电话给我的肯定又是非正常死亡事件。接电话的那一刹那，我的脑子总是特别迷糊，心里也会忍不住抱怨一番——当然是抱怨自己的运气。可放下手机的瞬间，我就会逐渐清醒起来，然后蹑手蹑脚地下床，穿衣服，再洗把脸，出门去。

凌晨 5:10　回家。

走进小区门的时候，天已经蒙蒙亮了，小区里有几户人家的灯亮着，大概是早起的人。我此刻只想回到床上再睡一会儿。我算了算，离交班还有三个多小时，我再次祈祷这三个多小时我的手机不要再响了。最近两个班头，我每次凌晨都要被叫出去，忍不住想起前段时间我正在温习关于猝死的知识……我甩甩头，劝自己不要想，回去睡觉要紧！

法医值班就是如此，这样的一天只是最普通的一天，工作量算起来并不是很大，但也不清闲。我记得忙碌的时候，连续两三天一直在干不带休息都是有的。不过运气好的话，可能一天值班都没有什么事情，这样就最好了。

所以，有时候我们会开玩笑说法医可能是一个一生都在跟“运气”打交道的职业。而我就是“运气差”的代表，谁都不愿意跟我一起值班。最惨的一次，我曾经在一个班头上看了五个非正常死亡现场，那个班头我简直被“黑”出了天际。我曾经想，世界上会不会有那种运气好到爆炸的法医，值一辈子班也碰不到一个死人。这种人存不存在？大概是不存在的。

于是我打算每个值班的早晨，醒过来就对自己说一句“good luck”，看看自己会不会转运。但当我的手机铃声——那首我最喜爱的歌响起的时候，我知道，在我尝试过无数个转运的方法之后，又失败了！对了，我的手机铃声是一首儿歌——《加油歌》。嗯，就算运气再差，也要加油啊！

第二节 — 2

法医的时代变迁

随着时代的浪潮，法医学也在不断发展与进步。中国近现代的法医学发展史可以从 1840 年的鸦片战争开始讲起，不过对于我们来说，这个年代似乎有些久远。

我在上学的时候，听到老师们讲得最多的，应该是中国近现代史上法医学发展最快速的一段时间，这段时间被称为“法医学的春天”，这个时间应该从 1983 年算起。那一年的 10 月 26 日，教育部联合公安部、司法部、卫生部、最高人民法院、最高人民检察院在山西太原晋祠召开了全国高等法医学专业教育座谈会，从此拉开了我国法医学的快速发展之幕。在法医学史上，这次会议被称为“晋祠会议”。此后，我国的法医学开启了快跑模式，一批又一批的法医学专家、学者涌现出来，也有更多的法医从业者开始在全国各个地方、各个岗位扎根。我要说的法医的时代变迁，大致便是从 20 世纪的八九十年代说起。

我们或许无法想象当时法医的工作状态是怎样的，很巧，我所工作的地方，法医部门的年龄层次正好是老中青三代。偶然有一天，我们三个聊起了过去的法医工作是怎样一副模样，过去的法医工作与现在又有哪些差别，这让我大开眼界。那么，我就以我所在的小县城的公安法医部门为例，一起来看看法医的时代变迁。

法医在公安系统的变迁

近现代的法医在国内出现的时间比西方要晚不少，并且在出现之后的一百多年时间里并没有得到充分的发展。20 世纪的法医大多集中在医学院校，而现如今大家都可以看到，在公安系统、检法系统里的法医占了我国法医从业者的大半江山。

我所在的县级市，最早进入公安局工作的一名法医是在 1989 年，而公安局招收法医的原因之一，是 1979 年《中华人民共和国刑事诉讼法》的颁布。其中单独列出了关于“鉴定”的规则：“为了查明案情，需要解决案件中某些专门性问题的时候，应当指派、聘请有专门知识的人进行鉴定。”

从此开始，公安机关为了解决某些案件中的专门问题便需要聘请具有专门知识的人对这些问题进行鉴定。例如打架斗殴中，受害者的伤势到底达到怎样的严重程度才能够处理施暴者，受害者的伤势究竟怎样才算严重、怎样才算不严重，都需要进行鉴定。在此之前，已经有法医在公安部、省级及地市级公安部门就职，但县级公安机关的法医还是极少数。在《中华人民共和国刑事诉讼法》颁布之后，包括县级在内的公安系统对法医的需求量迅速增加，法医在四级公安系统内全面铺开。

于是，在 1989 年，我所在的公安局招收了第一名法医，正式开启了我所在的这个县级市公安法医的篇章。当然，公安系统招收法医与前面所说的“法医学的春天”或许有着更加紧密的联系。在“晋祠会议”的第二年，卫生部与教育部确定了六所医科大学设立法医学专业，建立法医学系，招收法医专业学生。之后不久，其他一些医学院也设立了法医学系。法医学专业的学子在不同的地方生根发芽。

不过，就算这些院校开设了法医学专业，最初的法医学专业毕业生还是凤毛麟角，根本无法满足公检法系统大量的法医学人才需求。所以，在最开始的那段时间，很多地方的法医都是由临床医生转任的，他们来自卫生院校或者医院，这种情况直到进入 21 世纪后才逐渐缓解。而我所在的县级公安局招收的这名法医，亦从医生转任，在最初的六年里，他承包了几乎所有需要用到法医的工作。

在这里，还必须要提一句，光有上面提到的法律规定或者光有法医似乎还不行，如果没有行业标准，那来了一个伤者还是不知道应该怎么给他评定损伤程度，总不能让各地的法医凭空操作。巧妇难为无米之炊啊！于是，在 1986 年，司法部、最高人民法院、最高人民检察院、公安部四家联合发布了我国法医史上的第一部人体损伤的鉴定标准——《人体重伤鉴定标准（试行）》。在经过几年的实践之后，各部门发现，光有一部重伤标准还不够，于是在 1990 年，上述四家联合在将《人体重伤鉴定标准（试行）》正式改为《人体重伤鉴定标准》的同时，又增订了《人体轻伤鉴定标准（试行）》，从此，这两部鉴定标准伴随着那一代法医走过了三十多年的时光。

有人说不对，还有一个轻微伤的鉴定标准。的确，在 1996 年，公安部发布了行业标准——《人体轻微伤的鉴定标准》(GA/T 146-1996)，标志着我国的人体损伤程度正式被分为重伤、轻伤、轻微伤三个等级，从此明确了，人体损伤程度达到重伤与轻伤的，加害方需要负刑事责任，而损伤程度是轻微伤的，则根据《中华人民共和国治安管理处罚条例》(已于 2006 年被新的《中华人民共和国治安管理处罚法》取代，并于 2012 年修正) 进行处罚。

上述《人体重伤鉴定标准》《人体轻伤鉴定标准(试行)》《人体轻微伤的鉴定标准》，直到 2014 年 1 月 1 日，被由最高人民法院、最高人民检察院、公安部、国家安全部、司法部五家联合发布的《人体损伤程度鉴定标准》取代。在新标准中，“重伤”等级又细分为“重伤一级”“重伤二级”，“轻伤”等级又细分为“轻伤一级”“轻伤二级”，“轻微伤”等级保持不变。同时，对很多条款进行了修改、完善，也增删了部分条款，使新的鉴定标准更加符合时代的发展与法治的需求。

说完了鉴定标准的变迁，我们继续回到法医在公安系统的时代更迭。自 1989 年最老的一代法医之后，1995 年，我局招收了第二位法医，据他说，当时招收他的原因是适应《公安机关办理刑事案件程序规定》的要求——该规定在 1998 年进行了一次修改，在“鉴定”一节中明确规定：“……鉴定后，应当出具鉴定结论，由两名以上具有鉴定资格的鉴定人签名或者盖章。”不过，在这名法医入职之后不久，出于各种原因，最早的那名法医便调离了法医岗位。于是，此后的七年里，新招的这名法医又独自揽下了这个县城里所有与法医有关的工作。

我局招收第三名法医是在2002年，紧接着2003年又招收了第四名法医。这么频繁地招收法医，原因在于2000年司法部发布了《司法鉴定机构登记管理办法》，该办法要求，“……其他组织或机构申请设立司法鉴定机构，应当具备下列条件：……（四）有6名以上取得司法鉴定人资格或符合相应条件的人员……”不过，该办法很快在2005年进行了修改，将每个机构必须配备的鉴定人员的数量从6名降到了3名。于是，时至今日，3名法医便成为不少基层法医室的标配。

最后再来说说我自己。我是2012年入职的，入职之后的第二年与第三年，局里又招收了两名法医。于是目前在职的有六名法医。不过，其中三人是从事DNA实验室的工作，另外三人从事现场法医的工作。

这就是我所在的小县城的公安局里的法医变迁史，大概也能代表很多地方基层公安的法医变迁史。现如今，公安系统内的四级司法鉴定体制已经趋于完善，公安系统内的法医队伍也成为我国法医队伍中人数最多、分布最广的一支，他们在祖国的每一个角落践行着法医的职责，也践行着我国法医学鼻祖宋慈的那句千古之训：“狱事莫重于大辟，大辟莫重于初情，初情莫重于检验。”

法医工作内容的变迁

随着时代的发展，法医的工作内容并不是一成不变的，工作模式也一直在发生着日新月异的改变。

我听我们法医室的那位老法医讲，在20世纪90年代，法医的工作并不只有验伤与验尸。如果是法医学专业毕业的人应该都知道，法医学本科的学习包括很多内容，法医临床学与法医病理学只是其中的两门，其他还包括法医物证学、法医毒理学、法医精神病学等。其中，法医临床学与法医病理学是最早发展的两门学科，世界范围内亦是如此，因为这两门学科只对"人"有要求。而法医物证学与法医毒理学，应该算是比较新兴的法医学分支学科，尤其是DNA技术直到20世纪90年代才逐渐发展起来。

但当时的法医碰到的事情与现在其实并无大异，例如尸体，也会碰到未知名尸体或者其他需要进行亲缘认定的尸体。现如今，DNA已经成为亲缘认定的金标准，但在当时并没有DNA技术，能够依靠的基本上只有ABO血型。从20世纪90年代开始，进行亲缘认定很大一部分只能通过ABO血型，而验血型当然也属于法医的事情。据我们法医室的老法医说，当时每年耗材采购都要买ABO血型的试纸、采血针，每年的量还不少，为的就是给人验血——这让我想到了滴血认亲。

那时候需要采购的可不只有ABO血型的试纸条，还有PSA试纸条、毒品试纸条。PSA试纸条用来做精斑确证试验，直到现在它还是检验精斑的金标准，不过现在这部分的工作是由DNA实验室负责，但彼时是现场法医的工作内容。毒品检查也需要法医，老法医说，那时候晚上被叫出来的频率比现在高多了，很多时候是派出所又抓了一波人，等着要做毒品检查。于是，这位老法医经常会经历这样的场景：自己站在厕所里，从厕所里到厕所门外排着一队人，这些人一个接一个到厕所去小便，然后把自己的尿给这位老法医，他便用试纸一个一个检查这些人是不是吸毒了。

与毒品检验类似的是酒精检验，在我2012年入职的时候，甚至还做过几次酒精的定性检查。那时候酒精检测的量非常大，特别是在“酒驾”入刑之前，酒后驾车的现象非常普遍。当时的法医部门仅负责对酒精进行定性检测，如果检查出来的确有酒精，那么办案部门便会将血样再送到其他部门进行酒精的定量检测。法医首先将没有酒精的样本筛除，有酒精的再做定量，便能够节省开支。

所以，那时的法医做了包括法医临床、法医病理、法医物证、法医毒理在内的各种工作，按照老法医的说法，那时候“法医不分家”。而在进入21世纪后，“法医不分家”的局面逐渐开始改变。

首先是法医毒理，在毒物检验技术日益成熟后，包括酒精检验在内的毒物检验全部独立，另建实验室，并且也不叫“毒化实验室”了，而改叫“理化实验室”。理化实验室负责公安系统内的毒物检验工作，包括酒精在内的常规毒物都是其检验项目。现如今，地市一级的公安机关已基本建立了理化实验室。从此，现场法医便逐渐不再参与毒物相关方面的检验检测工作。

其次是DNA实验室。我所在县级市的DNA实验室的建设是在2013年，那时，DNA技术的发展势头非常迅猛，并快速成为一项非常重要的破案新手段。的确，光拿亲缘鉴定这一项来说，相对于ABO血型，DNA能够识别几乎所有个体，这是血型没有办法做到的。当然如果仅用DNA来进行亲缘鉴定，那就大材小用了，DNA技术的作用更多的是展现在破案上，并迅速成为公安机关破案的一把崭新利器。所以，DNA实验室似乎更加受到关注，有不少地方要求县一级公安机关也必须建设 DNA 实验室。现如今，现场法医不需要做 ABO 血型检测了，DNA 实验室也不再做血型检测了，ABO 血型的检测也逐渐淡出了历史的舞台。

所以，如果按照法医大学科来说的话，公安系统内部的法医包括看现场的、做 DNA 的以及做理化的，但真正名称中还叫“法医”的部门只有看现场的，这部分人所在的科室被称作“法医室”，而另外两个分别是“DNA 实验室”和“理化室”，相当于已经从“法医”中“分家”了。

如果说 DNA 和理化是新兴的法医分支学科的话，现场法医，也就是我现在所在的科室，应当算是最传统的法医从业者了，也从事着最传统的法医工作内容——法医临床检验与法医尸体检验。所以，目前传统法医们的工作职责主要包括：研究解决与暴力案件有关的人身伤亡，检验人体或人体组织，分析鉴定其损伤性质及原因，确定是否为犯罪的结果；对被害人或犯罪嫌疑人进行个人识别，研究案件性质，分析作案手段，根据检验结果经过分析判断，制作鉴定书；对委托单位提供的涉及人身伤亡案件的现场勘查记录、尸体检验记录、访问笔录、被害人的陈述、被告的陈述、法医鉴定书等文证材料进行法医学审查，就委托单位提出的有关问题写出客观分析结论；协助有关部门查明重大意外中毒和死亡事故发生的原因，澄清事故的性质和责任；对涉讼案件的法医鉴定，接到法院通知书后应及时出庭作证，确因特殊情况无法出庭的，应当及时向法庭书面说明理由。[①]

① 参见黄瑞亭、胡丙杰：《中国近现代法医学史》，中山大学出版社 2020 年版。

另外我从我们室的其他两位法医口中得知，在我参加工作之前，他们还要负责交通事故中受害人的伤残鉴定，这部分的工作量几乎占到了所有工作的一半。到了 2012 年前后，社会鉴定机构开始大量涌现，于是这部分的工作逐渐开始由社会鉴定机构进行——所以我才完全没有做伤残鉴定的工作经历。当然，现在很多地方保留了交通事故伤残鉴定这个项目，这是各地的习惯、情势不同所导致的。

法医工作内容的变迁恰好说明了科技的日新月异，以前光靠人力，现如今大量新的技术不断出现，改革、转型也无时无刻不在发生，从这个方面便可以看到科技的力量已经非常强大。于是，几乎所有传统类型的法医都在思考一个问题：科技的进步，如何才能让传统法医不再“传统”？的确，放眼四周，所有人都在享受着科技带来的红利，唯有传统法医似乎有些“特立独行”，他们的技术依旧传统，有些难以与科技攀上关系。其实，传统法医也在享受着科技带来的福利，现在的法医同过去的法医的工作状态也完全不可同日而语，传统法医思索的，其实是在科技大爆发的环境之下，自己该不该转型、该如何转型。这是个关于未来的难题，有人说法医是传统的“手艺人”，这门手艺不能丢。当然，法医们的手艺是立足的根本，无论未来如何发展，这门手艺断不能丢弃。但需要思考的是，科技除了让法医们检验损伤更加准确、快捷、直观，检验尸体更加便利、省力、安全，还能够带来什么？我相信，随着时代的发展，未来的法医也绝不会与现在完全相同，这便是需要我们不断努力的法医的明天。

法医工作环境的变迁

前头说到，科技的进步也在惠泽着法医这个职业，其中科技让法医工作改变最大的，当数法医的工作环境。几十年前，如果一个法医对你说法医的工作环境是脏乱差，几乎可以用一塌糊涂来形容，那还是有一定的可信度的。当然，各地都有各地的不同，我仅通过我所在地的法医工作环境的改变来进行些许讨论。不要把法医的工作对象与法医的工作环境混为一谈，法医的工作对象——尸体，有些的确非常恶心，让人感到极度不适，但法医的工作环境是可以被改变的，现如今，就算是碰到诸如腐败尸体这类的工作对象，我们也能够享受科技带给我们的工作环境的改善。所以，既然要说工作环境，就从最能够代表法医的工作对象——尸体，以及“解剖室”说起吧，它们大概最能够说明法医工作环境的变迁。

大多数公安局的解剖室建在殡仪馆，所以，解剖室一般都随着殡仪馆的改建而改建。我办公室的老法医 1995 年到这里来工作的时候，殡仪馆里已经有了一个专门属于公安局的解剖室。当时，殡仪馆留给公安局的一个房间很小，如果要用一个词来形容，我觉得“弹丸之地”恰好合适。解剖室里的条件非常简陋，当然，那时候殡仪馆的整体条件都比较简陋，换句话来说，当时的那间解剖室里的设备只能保证最基本的解剖——一张解剖台与一个水槽。

解剖台是从地面上用砖头垒起来的，然后外层再砌上白色的瓷砖（有些解剖台甚至连瓷砖也不贴，只是简单用水泥涂平）。解剖台边上是一个水槽，有一个水龙头，水龙头接着一个延伸到外头的管子，经常停水。房间顶上是一个电灯泡，如果灯泡爆了，还需要自己去换。一盏灯泡的亮度，如果同现在相比，那简直就是“黑灯瞎火”。

“当时的解剖室顶上连一个电扇都没有，更别说排风了，”老法医告诉我，“一张砌起来的解剖台外加一个水泥水槽，就占满了一个解剖室。”从这话中足以看出当时的解剖室有多小、解剖环境有多差。如果是一具腐败尸体放在里头，那狭小的空间里将会弥漫着怎样的味道，一个法医是怎样在这样的空间里完成几个小时的解剖工作的，这些我都完全无法想象。

这个解剖室服役了几年之后，2003 年殡仪馆进行了第一次改造，于是解剖室也跟着一起进行改造。这是第二代的解剖室，我也曾经在这个解剖室里解剖过不少尸体。不过在 2003 年改造解剖室的时候，遇到了一个问题——经费不足，于是，老法医便亲自设计，亲自叫施工队，亲自监工，为的就是省钱。

省钱来做什么呢？为了买一张不锈钢的解剖台。当时，包括法医在内的公安装备已经发展起来，解剖台也出现了不锈钢材质的。当时的那张解剖台自带一个水槽，有两个水龙头，其中一个接上一根软管，无论是清洗尸体还是解剖完成后清洗解剖台，都非常方便。解剖台还自带一个废物槽，解剖过程中产生的废物也不会像以前那样流到地上弄得到处都是，清理变得非常方便。当时，光是这张解剖台就花去了 5000 元钱，虽然在现在看来这个数目并不大，但在当时的确已经占到了预算的很大一部分。

第二代的解剖室比起第一代来说，环境已经改善了不少，光解剖室的面积就是原来的三倍。在这间解剖室里，有两个专门放解剖器材的柜子，后来还采购了一个冰柜，用来存放检材。当然，房间顶上也装上了电扇，在屋子的一面墙壁的一角也装上了一个排风扇，用来排放解剖室里的气味。更重要的是，在解剖台的正上方还装了一个裂隙灯。这在当时来说可算是非常先进的玩意儿了，老法医说这个裂隙灯是自己专门去上海采购回来的，当时其他县区的法医解剖室还没听说过有哪家安装了裂隙灯，“咱这是第一家”。

这些都弄下来，预算已经严重不足，所以解剖室的天花板、墙壁都还是原原本本的水泥，并没有做过多的装修。甚至，老法医告诉我，当时为了节省开支，很多装修用的材料都是自己去讨来的。比如，当时裂隙灯是买回来了，可要装到天花板上还需要一根横梁，没钱咋整呢？于是自己到一个汽修厂去，找了一根汽修厂不要的工字形钢板，再叫人安装。老法医为这间解剖室的装修真是费了不少心血。

我在 2012 年入职的时候，这间解剖室仍在使用，在经过将近十年之后，这间解剖室也已经非常陈旧了。我记得有一天晚上需要解剖，不知怎么回事解剖室竟然断电了——只是解剖室一个房间断电。当时不光是我们本地的法医在，还有上级的法医也在，场面一度非常尴尬。断电的事情不光发生过一次，而是时不时就会来一次，要么灯不亮，要么空调打不起来，要么插开颅锯的那个插座罢工了……不光是断电，还经常断水，以致解剖的时候我们得去殡仪馆旁边的河里用桶提水回来，像极了小时候干农活的场景。到后来，墙角那唯一的排风扇也不好使了，解剖室里的味道散不出去。

于是我们非常“机智地”把解剖地点挪到了解剖室门口的一块空地上，有自然光，还全方位通透无死角，这个环境比解剖室里头好多了——当然我们也只能选没有人的时候解剖，若是上午殡仪馆送葬的人太多，则只能乖乖待在解剖室里。有一次解剖我记忆犹新，那次是在解剖室里，尸体已经严重腐败，气味非常浓，我记得那味道让我难以忍受，解剖一会儿就得跑到解剖室外头换几口气，否则怕是连我这个做法医的也要忍不住呕吐出来。那是我经历过最艰难的一次解剖。

好消息的到来是在 2015 年年末，殡仪馆再次进行扩建与改造，与此同时，公安解剖室也将进行一次大改造，于是便有了现在的解剖室。这次因为是殡仪馆的扩建，所以能给公安局做解剖室的地方也更大了，有上下两层。这次解剖室的改建，我们请了专门做公安解剖室的公司来进行设计、装修，包括解剖室内的设备也都包给了公司，所以，相对于上一代解剖室的装修，这次省力不少。

这次解剖室建成之后，焕然一新，与上一代解剖室相比又有很多地方的改进，光是新的解剖设备就有不少，其中最值得说道的当然是全新的新风系统。新风系统的存在，让法医的工作环境顿时上了一个新台阶。这一代解剖室使用的新风系统，应该算是当时比较先进的，新风系统将室外的空气吸进解剖室内，然后在室内形成从上往下的风流，同时地板上有专门的漏槽将室内的空气往下吸。于是解剖室内的空气会不断从地板被吸走，最后排出室外，同时又有新鲜的室外空气被吸进室内。这样一来，无论是什么尸体，法医在解剖的时候已经几乎闻不到什么气味，因为气味全都往下从地板处被吸走了。光这一点，便是对法医工作环境的极大改善。

当然，其他部分也有了很大的改善，例如，有了新的解剖台，解剖台与新风系统也是一体的，它本身也有下吸风，更大程度上限制了尸体的气味散发开来。此外，解剖室还专门开辟了换衣间、休息室，甚至还有一间会议室，用来进行案件会商。解剖室内还安装了监控，能够实时拍摄解剖的过程，裂隙灯也已经被淘汰，取而代之的是天花板上的两圈灯，就算是晚上也像是白天一样明亮。当然还少不了紫外线消毒灯，每次解剖结束离开之后，定时消杀必不可少。现在的这个解剖室，若是再拿第一代的来比较，已经不可同日而语了。

不过，虽然这一代解剖室在五六年前看起来还非常先进，但就在前不久我到邻县区的兄弟单位去，在参观完他们的解剖室后，不禁感叹时代的变化着实太快了。他们的解剖室在 2020 年进行了扩建与改造，并对解剖室内的各种装备进行了换新，里头出现了不少让我羡慕的东西，如人体 3D 动态影像系统，在显示屏上可以看到实时的 3D 动态人体影像；还有新的可以升降的解剖台，调整解剖台的高度能够让不同身高的法医更加轻松地进行解剖，甚至能够坐着进行解剖，同时解剖台还自带一个显示屏，显示尸体的长度、体重及脏器的重量等。这些科技含量十足的设备已经出现，并且开始为法医工作服务。

科技的日新月异也促成法医这个职业的日新月异，我们无法想象老一辈法医工作环境有多么恶劣，所以更应该珍惜现在我们所拥有的比以前好得太多的工作环境。当然，也不必总强调法医的工作环境有多恶劣了，虽然不像电视剧里拍的解剖室就像“度假胜地”一样，但也总归不再是“穷山恶水”了。

法医装备的变迁

除了上面说到的解剖室的变迁，法医在工作中用到的不少装备也有着不小的改变。其实大多数的法医装备从那时候开始便一直沿用至今未曾有多大的变化，像检查伤口时贴的标尺、解剖时用的解剖刀、血管钳、缝合针等。但同时，很多装备也在不断升级改进，使之变得更加适宜法医工作。

这其中变化最大的当数开颅工具。在2015年新的解剖室开始建设的时候，我们需要把老的解剖室里的一些器材清理掉，有用的继续留着，没用的就丢弃。在整理器材时，我无意中翻出了几根钢锯条，就和木工用的钢锯条是一个东西。跟我一起整理的老法医说，这是他们以前用来开颅的。

虽然锯子我没有看到，但我知道长啥样，小时候做木工生意的舅舅家到处都是。早先时候尚没有电动开颅锯，开颅便是用最简易也最普通的钢锯。那个时候开颅的确不是一件简单的事，摆开了架势，就跟木工一个样。我小的时候因为好奇玩过这种钢锯，虽然那时候力气还小，但觉得这家伙很难使，手臂没有很强的力量来回几下估计就要废了。而且，这种钢锯条在锯东西的时候特别容易卡住——总之就是锯不动。老法医还告诉我，那时他用锯子开颅的时候总是会出现一件非常诡异的事，开颅必然会先断掉一根锯条，不然这个颅就开不了——每次都是如此。不过用这种锯子有一个好处，便是在锯到颅骨板障时，手上会有感觉，就知道已经锯穿了，所以用这种锯子一般不会破坏硬脑膜。而现在电动开颅锯经常会锯到硬脑膜，导致尸体被人为破坏。

但电动开颅锯还是好用多了，从我参加工作到现在，我们解剖室用过两种电动开颅锯，现在又采购了最新的，开颅变得越来越省力。老的电动开颅锯是利用锯片的快速转动来开颅，后来又进行了改进，利用的原理是高速摆动。不过无论是哪种开颅锯，在它们工作的时候，整个开颅锯的机身都会产生高频的震动，每次握久了，我的手总是会被震到不能自已，简直不是自己的手了。开颅的时候一定得记得戴上口罩，因为开颅的过程中会产生很多“骨灰”——不是被烧过之后的骨灰，而是真正的骨质屑沫。这些骨屑会随着开颅锯的高速摆动四处乱飞，你有时候甚至可以看到骨屑像烟气一样升腾上来，要是你的鼻子毫无保护，那它们便会直飞进你的鼻腔，你肯定还会闻到一些特殊的味道。现在的开颅锯就更高级了，在保持高速的同时又降低了机身的震动，有些还能防止在开颅时破坏硬脑膜，有些甚至还带上了防止骨屑与血液飞溅的功能，让开颅在越来越省力的同时也越来越安全。

变化同样很大的还有照相机。法医无论是损伤检验还是尸体解剖，都离不开照相机，所以法医部门算是配备相机较早的部门之一，当然大家如果了解的话，20 世纪 90 年代的照相机用的还是胶卷，柯达算是比较好的。

那时候去殡仪馆解剖，除了一些常规的解剖装备，每次都还要拿上两卷胶卷去拍照，一卷胶卷可以拍 36 张照片。我说，两卷胶卷用完也才 72 张照片，一次解剖下来哪里够。老法医告诉我，那时候拍照不像现在这样能多拍几张就多拍几张，反正多拍了肯定没错，那时候拍照都是宝贝着那些胶卷呢，只有必须要拍并且鉴定书上用得着的时候才拍，不会一个部位拍好几张。所以大多数时候一次解剖下来，可能只要用一卷胶卷，带两卷只是有备无患。

老法医又说，以前每次解剖完，第二天肯定要拿着胶卷去照相馆洗照片。那时专门有照相馆同公安部门合作，照相机坏了可以拿去修，照片也可以去冲洗——我简直无法想象普通人看到解剖照片是怎样的表情。我虽然知道洗照片，但还从来没有亲自去照相馆洗照片的经历。老法医告诉我洗照片的时候他就待在曝光室里，然后一张一张看底片，拍得好的、有需要贴在鉴定书上的就洗出来。

现如今，胶卷机早已经被淘汰了，取而代之的是卡片机，操作起来比胶卷机要简单方便得多，而且拍摄的照片可以直接以电子档的形式传到电脑里进行储存。解剖的时候想拍多少拍多少，再顺便拍几张法医的解剖工作照也未尝不可。不过在使用卡片机之后还有一段过渡时期，这段时期拍摄的照片同样还需要拿到照相馆里去，不过不是冲洗，而是用相片纸打印出来。所以，那时候的鉴定书在文字部分弄好后，还有一个步骤便是贴照片。从照相馆将打印出来的照片拿回来，先要用裁纸刀裁照片，然后选择十几二十张要附卷的照片，贴在专门的照片纸上，在照片下面标注照片的内容，最后再同文字部分一起装订，一份鉴定书才算完成。现在已经没有这么烦琐的步骤了，我们已经配备了可以在专门的照片纸打印彩色照片的打印机，只需要在电脑上选择要打印的照片直接打印出来就行，方便了不少。

说到鉴定书，出具的方式也完全不同。就像上面说的，现在基本上所有部门都已经配备了打印机，鉴定书可以随时打印。以前可不一样。20 世纪 90 年代的时候，没有打印设备，所以当时所有的鉴定书都是手写的，我们的老法医也写得一手好字，一份手写的鉴定书看起来非常整洁美观。但是写鉴定书的纸似乎有些随意，有时候是白色的 A4 纸，有时候是画了横线格的带有公安局抬头的信纸。

手写了一段时间之后，大概是公安局发现需要出具的材料太多了，于是采购了一台铅字活字打印机。没错，活字打印机，当时整个局里也就这一台打印机。说来也巧，当时有个民警以前正好做过打字员的工作，于是全局上下的打字任务就全部交由他来负责。不过这种打印机实在是有些麻烦，一份鉴定书拿过去，需要按照上面的内容一个字一个字先排列好字模才能打印，出货的速度着实有点慢，以至于打了几份之后发现效率实在不行，于是有些比较着急的鉴定书干脆也就不打印了，还是直接手写来得更加方便。

还有一点必须要提到的变化，是在检验损伤过程中“阅片”这个步骤，它的变化，尤其是近几年来的变化，的确是非常迅速。人受伤，不可能只有皮外伤，有时候难免会伤到骨头造成骨折或者造成深部组织器官的出血。无论是在老的还是新的损伤鉴定标准中，均有关于骨折、颅内出血、胸腹腔积血之类的条款。医院对这些损伤，最好的办法是进行影像学检查，这就带来一个法医也需要掌握的基本技能——阅片。

在十几二十年前，法医对“阅片”的重视程度不是很够，对于很多医院进行影像学检查后出具的影像学诊断报告，法医往往会直接拿来使用，而对医院出现误诊的情况并不多加考虑。这样带来了一个非常现实的问题，即法医用以作为鉴定依据的影像学报告单，说白了就是一张打印出来的纸，若要伪造这张纸易如反掌。在工作中，我们的确也会碰到被鉴定人伪造影像学报告单的情况。于是在意识到这个问题后，法医逐渐开始要求委托方提供被鉴定人影像学检查的胶片，也就是大家最熟悉的从医院放射科拿到的那张黑色的东西。而法医阅读这些胶片用到的是同医院里一样的阅片灯，这是所有法医部门必须配备的装备。

这样的确在一定程度上杜绝了被鉴定人伪造伤情的情况，法医的阅片能力也开始逐渐提升。几年之后，新的问题又出现了——医院给被鉴定人的胶片上的影像并不完整。例如，患者进行一次 CT 检查，CT 机扫描的层面可能有几百层，但医院不可能把所有的层面都给患者，而只是选取其中一些层面打印成胶片。所以，法医看到的这些胶片其实是不完整的，不能够全面反映被鉴定人的损伤情况。于是，我们开始寻找市面上好的阅片软件，能够读取医院的影像数据。之后的阅片，我们便要求办案单位或者被鉴定人自己前去医院的放射科拷贝原始的影像数据，再拷贝到我们自己的电脑上进行阅片。

这样一来，完整的影像数据提高了鉴定的准确性与可靠性，同样法医的阅片能力再次提升了一个台阶。不过这样几年下来，委托方有些不开心了，因为往返医院花费了他们大量的时间。有时一个被鉴定人隔一段时间就要进行一次复查，有时被鉴定人又在多个不同的医院检查，有时因为这些原始数据的格式比较特殊，经常会拷贝成其他错误的格式，委托方往往需要来来回回跑好几趟医院，花费了人力物力不说，工作效率还非常低。近几年，随着“医共体”的建设，一个地区不同医院之间的包括影像数据在内的医疗数据都开始进行统合。于是，借着这个“东风”，我们法医室也与相关部门进行了会商洽谈，将医院的影像数据库接入我们法医室，在法医室也安装了 PACS 阅片系统。这样一来，在法医室便能够直接调阅被鉴定人的影像数据，既全面准确，又大大提高了鉴定的效率。这是法医工作中一次非常好的创举，也是法医工作中显著的变化之一。

除了上面说到的一些装备的变化，还有些是普遍的变化，如通信工具的变化。最早的时候没有通信工具，下班了就真的是下班了，就算晚上出了点什么事情也都只需要值班人员全部揽下来，如果没有法医值班，那尸体就等着第二天法医上班了再解剖。后来有了 BP 机，晚上也会出来干活儿了，老法医说，那时候公安局内部有自己专门的代码，就像是暗号一样。比如，你在 BP 机上看到一串数字“7984”，那就代表需要你回个电话；再如，如果看到一串数字“325”，那就代表你啥都不要问，赶紧赶到单位。再后来便是手机的出现，这是被人们讨论了很久的问题，手机的出现是方便了大家联系还是无形中延长了大家的工作时间，这个问题的答案也只能留给大家了。

展望未来，法医的工作仍然会逐渐发生改变，如前面说到的拍照，现在都还是在用相机，或许未来相机也会被淘汰，取而代之的是三维扫描仪，使得人体能够更加立体地展现出来；再如上面提到的打印鉴定书，或许以后就不用再打印鉴定书走线下模式了，全部将采用线上模式，鉴定书只需要上传到云端，办案单位、审核单位，甚至检察机关、审判机关都能够查阅，这样便能更加节省人力，也能够节省资源。

科技的发展，同时也给法医事业带来了发展，科技的进步让法医的工作变得更加精细、准确、及时、轻松和安全。而未来，相信这一切会变得更好。

法医工作性质的变迁

对照 20 世纪 90 年代，法医工作的“性质”的确发生了巨大的变化。其实以下所述的内容，我不知道属不属于“工作性质”，但一时找不到更加贴切的词，所以只能暂且以“性质”论。

法医的工作性质有何改变呢？就拿法医们最关心的命案来说吧。老法医告诉我，过去，在一起命案中，法医冲在最前，推断死亡时间、死亡方式、致伤工具绝对是破获命案的关键。彼时，发生命案之后所有人最关注的也是法医，都指着从法医这里得到关键的信息，来引导侦查的方向。的确，那时候破案的手段很少，能够帮助破案的也就是传统的手段——指纹、足迹等，这些方面有发现、有突破，那就代表着离破案不远了。所以，那时候的法医更加关注的是如何破案，法医的作用也更加倾向于服务破案。

相对于传统手段或传统案件，现在有一个与之对应的词——“新型案件”。新型案件大多是指非接触式的案件，其中最引人关注的当数电信网络诈骗。时代在发展，公安工作在发展，骗术也在发生改变。以前最多的案件大概是盗窃，另外无论是抢劫还是诈骗，或者杀人，至少都是接触式的，嫌疑人或与现场接触，或与被害人接触。现在不一样了，网络的存在使得骗钱只需要一个电话，或者聊天工具。指纹哪里去提？足迹哪里去采？而传统的盗窃案件，每年都以惊人的速度往下降，这些传统的手段更是大大减少了用武之地。

再来说命案，命案也属于接触式案件的一种。老法医说，以前那个年代命案比现在多得多，多的时候一年会有十几起命案。一年十几起命案是什么概念呢？这比我近五年碰到的命案数量总和还多。而现如今发生了命案，破案的手段已经非常多样化，不仅依赖法医在内的传统手段，并且其他手段或许都比法医来得快速与准确。所以，至少在案件的侦破方面，法医的作用的确在逐渐弱化。

但法医在其他某些方面发挥的作用并没有减弱，反而变得更加重要，这就使法医这个职业的工作性质逐渐发生改变——由服务破案转变为服务诉讼。这里的诉讼，一般是检察院作为公诉机关将案件诉至法院，然后由法院来进行审判的一个过程，而法医的鉴定意见将成为其中非常重要的一环——为诉讼提供证据。这样的改变源自从"以侦查为中心"到"以审判为中心"的改革，这是我国诉讼制度的一次重要改革。

"以审判为中心"最早是在2014年提出的，是指诉讼活动要按照审判的需要来进行，审判的核心就是开庭审理，建设以庭审为中心的刑事诉讼机制。在这样的制度下，所有的证据只有经过当庭出示、质证等法庭调查程序查证属实，才能作为定案的根据，法医的鉴定意见作为证据的一种当然也要经过这个环节。这与以前不同，在以往，法医的"鉴定结论"往往显得非常专业，不少都是直接被采用。

那么法庭调查必然会带来一个问题——如何调查？这便是如今的法医的作用与早些时候的法医的作用最重要的一点不同——出庭作证。

包括法医在内的鉴定人的出庭最早在2012年由《中华人民共和国刑事诉讼法》第一百八十七条第三款这样规定："公诉人、当事人或者辩护人、诉讼代理人对鉴定意见有异议，人民法院认为鉴定人有必要出庭的，鉴定人应当出庭作证。经人民法院通知，鉴定人拒不出庭作证的，鉴定意见不得作为定案的根据。"以前，几乎没有鉴定人出庭作证，而由此时开始，鉴定人出庭的情况变得越来越多。有人会觉得这是给法医的压力，这的确是给法医的压力，但也是法医作用的体现。法医作为鉴定人出庭作证，不但能够帮助法庭查清案件事实，也能够让其他诉讼参与人明白鉴定过程，这是鉴定人维护自身合法权益的过程，也是向他人展示法医工作的过程，将更加有利于鉴定人素质的提高与鉴定事业的健康发展。

而也正是从这个时候开始，法医的鉴定书中的"鉴定结论"改成了"鉴定意见"。细心的人可能会发现，我在之前既用了"鉴定结论"这四个字，又用了"鉴定意见"这四个字，这也是法医工作中一个极大的改变。关于"鉴定结论"，可以追溯到1979年颁布的《中华人民共和国刑事诉讼法》，其中第八十九条规定："鉴定人进行鉴定后，应当写出鉴定结论，并签名。"从此，鉴定人的鉴定结果便被称为"鉴定结论"。

"鉴定意见"这四个字直到2005年2月28日第十届全国人民代表大会常务委员会第十四次会议通过的《全国人民代表大会常务委员会关于司法鉴定管理问题的决定》中才被提出。该决定在开头即指明了司法鉴定的含义："司法鉴定是指在诉讼活动中鉴定人运用科学技术或者专门知识对诉讼涉及的专门性问题进行鉴别和判断并提供鉴定意见的活动。"只不过它刚颁布的时候，法医的鉴定书上最后一个项目的标题依旧是"鉴定结论"，并保持了很长一段时间。直到2013年左右，最后一个项目的标题才开始改为"鉴定意见"，而法医出具的"鉴定书"更加准确的名称应该是"鉴定意见书"。这两者有什么区别？虽然只是把"结论"改为"意见"，但变化可不是一般的大。

"结论"，是指推理中由已知判断所推出的那个新判断，也就是推出的结果，是对人或事下的论断。从"结论"两个字的释义来看，结论往往具有确定性、唯一性，其不可否定性更加强烈。"意见"，是某个个体对事情的一定的看法或想法，具有指导性。可见，"意见"相对于"结论"来说，具有不确定性，可以否定，并且可以有多个。这个改变至关重要，顺应了诉讼制度的改革。要知道，在以前，法医的"鉴定结论"在所有的证据中被称作"证据之王"，一些公诉案件中只要有鉴定结论，那这个案件基本上就已经"盖棺定论"，几乎没有转圜的余地。而改成了"鉴定意见"，这个证据的效力瞬间就被弱化了不少，就像之前所说，这个"意见"需要进行质证，可以进行反驳。与之相对应，法医的作用不再只是出一份鉴定那么简单，而需要承担更多的责任，正是从此时开始，法医工作的性质才逐渐转变成一个真正的"鉴定人"。

法医工作的性质的转变，正好可以说明我国的司法制度正在逐渐完善，也说明我国依法治国的进程越来越快，法医作为鉴定人也在一定程度上维护了法律的尊严，体现了法律的公正。

时代的浪潮奔流向前，无论是好的还是坏的，法医事业的发展必然不会停止。我在与我们科室的另外两名法医交谈时，他们始终在说，现在跟过去已经不好比了。但我仍旧将两者进行了牵强的比较，因为这正体现出了法医这个职业在这三十多年中的变迁。其中凝结着很多人的心血，他们一直在为中国法医事业的发展呕心沥血，砥砺前行。我始终坚信，在未来，必然也会有一批又一批热爱法医学的人，将这个担子挑在自己的肩膀上，为法医事业的发展贡献自己的力量。所以，中国法医的未来必然会更好！

不是万能的法医

我碰到过一个稀奇古怪的案件，案件的过程是这样的。

那天天已经黑了，在一条乡村水泥路上，有个人正骑着自行车艰难地前行。乡道上的路灯不多，再加上道路两边的树木，并不能看清楚骑自行车的人的模样。不过借着昏暗的月色仍旧可以发现，那人把自行车骑得歪歪扭扭，龙头左摇右晃——原来这个人刚在朋友家喝完酒，估计喝了不少，骑起自行车来已经东倒西歪。

他骑得很慢，蹬着脚踏的两只脚也显得格外吃力，一阵风吹过来，车龙头猛得一歪，几乎就要摔倒。突然，就在一眨眼的工夫，那人消失了！笔直狭窄的小道并没有岔路，可是路上却不见骑车人的身影。暗沉的路灯照射下来，地面被路灯下的枝丫映得斑驳，几乎看不见路面的情况。在自行车消失的地方，传来一声声轻微的哀嚎声，向那儿望去，隐约可以看到路上躺着一辆自行车，自行车上头压着一个人——原来那人一把龙头没扶稳，摔倒了。那人就那样将自行车压在身下，许久都没有动弹。

虽然这是一条乡村道路，不过因为这条道路处在省与省的交界处，所以过往的车辆并不少，就算是在晚上，还是会有一些中大型的运输车辆从这里通过。虽然遭到了当地居民的强烈反对，可这些运输车很喜欢走这条路，这里车少、红绿灯也少，运输的路程能缩短不少。就在这时，道路的远处出现了两束灯光。灯光越来越近，紧接着传来了沉重的汽车马达声音——一辆轻卡正向这边驶来。

轻卡的司机经常往来这条乡村道路，对路况还算了解。他知道，一过了晚上八点，这条路上的行人便十分稀少，几乎一晚上都不会碰到一个。这会儿，这条路上也已经不见人影，至少在汽车大灯所能照到的前方十来米的范围内，也没有其他车辆。不过，司机还是格外小心，瞪大眼睛盯着道路，生怕有过往的行人或非机动车。

突然，轻卡的司机感觉到有一些不对劲，似乎汽车的一边有什么东西正被拖着跟车子一起前进，从那一边像是传来某种物体与地面摩擦的声音。司机瞬间提高了警惕，又不免有些疑惑，心里在盘算着是不是撞到了人。可这个想法立马又被否定了——自己刚刚看得很清楚，道路两边肯定没有行人。就算是撞到了，也应该有撞击的声音吧，可自己一点声音都没有听到，也没有感觉到汽车发生了碰撞，所以不可能是撞到人了。那或许是钩到了路边什么东西？有可能，大概是大的塑料垃圾，或者树枝一类的东西。司机想下车查看，可大概开出五十米的距离之后，声音便消失了，司机便没有再理会，继续朝前开走了。当然，司机也从后视镜向后头看了看，可后面一片漆黑，什么都看不清。

被挂在汽车一侧向前拖行的，当然不是什么树丫子，而是刚刚在骑自行车又倒在路上的那个人。可能是汽车一侧的一个钩子，或者其他什么突起，正好钩住了自行车的轮子，便带着自行车和压在自行车上的人一起朝前拖行了大概五十米的距离。

说来也算是骑自行车的人倒霉，本来喝了酒就有些迷糊，骑车骑着骑着倒下之后便一直爬不起来，这下被车拖着走了这么长的一段路，便更加不省人事了。不过事情到这里却还没有结束，就在汽车离开之后五分钟不到，又骑过来了一辆摩托车——说也奇怪，平日里不见一个人的小路上，那夜偏偏热闹了起来。

骑摩托车的是一个男子，漆黑的晚上他只想着快些回到家里，就算注意，也只会注意有没有来往的行人跟其他正在行驶的车辆，根本不会注意路面上。话说他骑着骑着，突然感觉到摩托车颠簸了一下，差点连人带车一起摔倒。这个男子吓了一跳，但也只是以为不小心压到了路上的石块，加上摩托车并没有异样，便继续往家的方向开去。

这个骑摩托车的男子压到的，当然也不是什么石块，而是躺在路上的这个人。压到的部位，是此人的右小腿，摩托车直接从他的小腿上开了过去。

所幸的是，这个人并没有死。没过多久，他大概是被疼醒了，便打电话给家里人，说自己骑车摔倒了（此时此刻他竟然还没有意识到自己已经被两辆车撞过了），叫家里人赶紧出来找他。所幸他家离事发地不远，很快，他被送到了医院。经过医院的诊断，此人虽然逃过一劫，但也受了不小的伤。右面部的皮肤有大面积的擦挫伤，右胸部皮肤有大面积的擦挫伤，右侧第 5 至 8 四根肋骨骨折，右侧胸腔积气，双侧胸腔积液，骨盆骨折，腰椎骨折，右小腿胫腓骨骨折，右踝关节骨折。此人被送到医院的时候，已经因为全身多发的损伤产生了休克的症状，医院经过积极的抗休克治疗，将人从死亡线上拉了回来。

报警的是医生。这名医生很尽职，在病人被他的家人送到医院的时候，他的家人只是说他自己骑车摔倒了。可是医生在抢救时发现，病人的损伤着实太严重了，骑自行车摔倒很难摔成这样。并且病人面部和胸部的擦挫伤显然像是拖拽形成的，再加上病人的衣着也像是因为拖拽而破损了。所以医生怀疑这是一起交通事故，而不只是单纯的摔跌，于是便报了警。

在此人出院之后，办案单位委托我们对他进行了损伤程度的鉴定。光从任何一个器质性的损伤来看，无论是肋骨骨折还是骨盆骨折，或是胫腓骨、右踝骨折，都无法构成重伤。但根据医院的抢救记录、病人入院时的症状体征，以及积极的抗休克治疗方案，我们将此人的损伤程度评定为重伤二级。

重伤二级这个结论非常重要，因为交通肇事逃逸造成被害人重伤以上，便需要负刑事责任。可是，当这样一个鉴定意见出具后，却给办案带来了不小的困难。很显然，此人身上的伤势大部分是由那辆轻型卡车拖行造成的，摩托车充其量只是造成了右下肢的一些损伤，但无论是汽车造成的损伤还是摩托车造成的损伤，单独都无法构成重伤。而法医出具的鉴定意见，则是根据休克来评定为重伤二级的。那么问题来了，这个“重伤二级”的结果，究竟是由谁造成的呢？

办案单位因此陷入了困扰，不知道是不是应该同时追究轻卡与摩托车双方的责任，还是仅追究其中一方的责任。其实我们大家都会觉得，按照常理，肯定是轻卡对受害人造成的损害更大，而摩托车只不过是压了小腿一下，若是将摩托车追究与轻卡同等的责任，那对摩托车显然不是很公平。可两辆车同时都是逃逸，目前又分不清重伤的结果是谁造成的，案件便陷入了僵局。怎么办？办案单位再次想到了法医，试图让法医分辨一下，究竟是谁造成了受害人的“休克”。

法医可以解决这个问题吗？若是从一个常人的角度出发，我也会觉得汽车拖拽可能会造成更加严重的损伤。但从法医学的角度来看，这些损伤都不是致命的，我曾经看到过高坠之后造成肋骨骨折、骨盆骨折等与此名受害人损伤严重程度相差无几，却依旧处于清醒状态的伤者。谁都不敢保证休克的结果全由轻卡造成的损伤引起而与摩托车毫无干系。

还有更多需要考虑的细节。首先，这个人喝了很多酒，血管扩张，血流量增加，受到损伤之后出血速度可能比正常人更快，至少喝酒算是这次严重损伤的一个辅助因素；在被轻卡拖行之前，这个人已经摔倒了，这次摔倒会不会也造成其中一部分的损伤呢？如肋骨骨折、脚踝骨折等，是不是在那时候休克就已经开始发生了呢？就算把这两点撇除掉，法医学也无法给办案单位提供答案，至少以我的业务水平，不知道两者是取其一，还是为协同关系。

我不知道这个案件最后是如何处理的，那次案件会商仅仅是在需要法医解决相关问题时才把我叫了过去，而问完那些问题，与会者便很礼貌地跟我说“可以了”。我便离开了。其实在日常的工作中，类似这样法医无法给出答案的问题不胜枚举。

或许这与大家心中对法医的认知有些差别——法医似乎是无所不能的。他们靠着一把解剖刀，甚至能够洞悉生命与死亡，一点蛛丝马迹都不可能逃离他们如鹰般的双眼。他们能够解决各类疑难案件，侦破各种悬而未决的凶案。但很遗憾，现实中的法医并不是这样，他们不是万能的，法医解决不了的事情千千万万，有时候甚至连他们的本职——死亡原因都解决不了。现如今“法医”的形象或多或少被塑造得有些神乎其神了，但归根结底他们也都只是普通人。“法医”这门科学也存在许许多多的未探索之地，这些盲区等着不断有人去研究。这才是必然。

尸体农场

前头说到法医就算是在本专业领域内，也还有许多解决不了的问题，光从“尸体”这个角度来说，就有非常多的“未解之谜”。而这其中的不少问题，很大一部分原因是没有足够的“研究对象”。

我记得在《狮子王》里有这样一个场景：木法沙带着小辛巴看它们的国土，他提到了一处地方，那个地方被称作“大象墓地”。当老年的大象感觉到自己大限将至，便会前往大象墓地，在那里度过自己生命最后的时光，在死亡之后，接受大自然的洗礼，归向自然。

“接受大自然的洗礼”，便是在大自然的环境之中逐渐腐败。有些人对这种腐败特别感兴趣，认为这种腐败是有规律可循的，当然，这些人肯定是法医。

不过，法医并不想研究大象的尸体，他们想要研究的是人类尸体的腐败规律。于是，有一种想法便逐渐诞生——尸体农场。可能有些小伙伴对其早有耳闻，简单来说，就是建设一个“农场”，不过这个农场里头既不放牛也不牧羊，而是用来安放人类的尸体。将尸体放在这样的农场里，并暴露在自然环境之下，然后研究其腐败的规律，便是目的。

随随便便将尸体摆放在野外，这听起来有点像乱葬岗的味道，不过这同乱葬岗截然不同。被丢弃在乱葬岗的尸体自从被丢弃之后便不会再有人去过问，不过尸体农场里的尸体可不一样，它们可是法医们的“宝贝”。这终究有些耸人听闻，虽然我们都知道人在死亡之后终会回到自然，但我们还是想给它们找一个好的“归宿”。我们活着的时候生活在一个又一个的小格子里，死了也被安置在一个又一个的小格子里，我们终究跳不出“小格子”。

不过，在世界其他地方，已经有尸体农场的存在，有些甚至已经建设超过半个世纪。其中对尸体农场投入最大的应当数美国。美国最早的尸体农场要追诉到 20 世纪七八十年代，由田纳西大学诺克斯维尔分校法医人类学中心的法医人类学家威廉姆·巴斯博士创办。当时建设尸体农场时，可是遭到了一大批反对者的反对与非议，甚至有人说，尸体农场只会出现在美国这个法律已经离经叛道的国家，不会再在世界第二个国家出现。可见，当时建造尸体农场需要顶住多少的压力。

尸体农场有什么用？用一句最简单的话概括，便是研究“人类”。一具尸体对法医学的贡献可不是一点点。

首先最显著的，便是可以研究尸体的腐败。在法医工作中碰到的最多的尸体所处的环境，肯定是自然环境。自然环境包括很多：酷暑、严寒、河流、草地、丛林、沼泽、土壤、石地、高山、盆地……要分门别类研究尸体在不同的环境中腐败的规律，着实是一项很大的工程，需要有大量的数据支撑，可想而知，需要有多少尸体来贡献给这项研究。而目前世界上最大的尸体农场，也无法满足这些研究的需要。

尸体对法医产生贡献的另外一个学科，便是法医人类学。法医人类学对人体身上的皮肤、内脏、软组织等可以腐败掉的东西没多大兴趣，它的主要研究对象是人体的骨骼——因为骨骼是唯一不会消亡的人体组织，就像恐龙一样，留存到现在的只有骨骼。法医人类学家们通过骨骼来进行个人特征识别，以及鉴定尸骨的种族、性别、年龄、身高、面貌等，这些方面对案件的侦破及审讯都具有非常重要的作用。

此外，暴露在自然界中的尸体还有助于法医昆虫学的研究。当然，这又是一项非常繁重的工程，因为每个地方的环境不同，生活的昆虫也不同，尤其是在中国这个广袤的国度，尸体放在沿海地区与放在西部高原招来的昆虫肯定不尽相同。

所以，虽然建设尸体农场对于法医学的进步来说大有裨益，但建立尸体农场所能够进行的研究基本上只能立足于当地的自然环境，研究成果也基本只能适用于当地。而在我国，建立尸体农场还存在着许多阻力，其中涉及的社会伦理问题是最大的难点。所以，虽然已经有零零散散的研究，但在我国建设尸体农场，短期内尚且是一项不被许可与接受的项目。不过，我相信会有那么一天，或许我们也会拥有自己的尸体农场。

第三节 — 3

我的大学

“最后我要告诉大家，让大家放一万个心，从事法医工作的，不愁娶不到老婆，而且老婆肯定都非常漂亮！”台上的老师话音刚落，偌大空旷的教室里就传出了笑声，有开怀的大笑，也有不好意思的浅笑。

“关于法医的介绍就到这里，大家还有什么问题可以提！”

我已经记不清当时站在讲台上的是法医学系的哪位老师，当时的一切都还是那么陌生，陌生到来不及让我记住周围我所看到和听到的一切，以至于现在回想起来，那位老师关于法医学系的宣讲，我只记住了最后这两句话。

那时距离我踏上远游求学之路仅仅过去了两周，也是我第一次真正接触到“法医”这两个字。录取通知书上的这两个字对我来说虽然还是如在云雾之中，但它已经开始慢慢变得生动起来。

一

东湖边、喻家山下，这座美丽的大学让我心动，这里的一切与我过去十几年人生所闻所见都不同，我将在这里度过难忘的时光。从韵苑出来，是一大片篮球场。往西边走是操场，军训结束前的最后一个晚上，所有人都在那里闹到很晚；继续往西走便是东九楼，我们将在那里完成大一学年绝大部分的课程。

从篮球场往南走，大概十分钟的路程便是学校的东小门，那里是我的母亲与我分别的地方。在这条路上，有一家文印店，那里兼顾着售卖教科书本，如果你想要便宜一点，老板或许会给你拿出不一样的东西来。从东小门出去的左手边，有一家叫“红油热干面”的小店铺，那里记录了我对武汉这个城市最初的记忆。

那家店铺很小，里面只有三四张桌子，可是生意一直很好。我对面食向来没有抵抗力，自恃无论什么面都可以接受。第一次走进店里，扑面而来的是热腾腾的面条独有的香气，我笃定这面一定不赖。我点了一份，两块五，然后站在柜台边看柜台后面的老板做面。

只见他右手从面袋子里抓过一把微黄色的面条，放进左手的一个漏勺里，漏勺向下滑落，进入了一个已经有煮沸了的水的圆锅里。大概一分钟左右的时间，老板便将漏勺拿了出来，他的右手里已不知怎地多了一个打包用的纸碗。左手的漏勺冒着热气，还在向下滴着水滴，老板已经将面条倒进了纸碗里。紧接着，他又将手中的漏勺扔回锅边，右手装着面条的纸碗被换到了左手，然后右手又拿起一个木勺从一个盛着酱料的碗里捞出棕褐色的酱汁，淋在面上。短短的两分钟，却是一次极其精彩的表演。

我想叫他加点辣，老板指了指柜台一边的一个碗，让我自己加。我端过用纸碗盛着的面条，看了看柜台上的那个碗，是一碗鲜红的辣椒油。我感觉不出那有多辣，便按照我平时的量，放了一调羹。

店里每张桌上都有人，我便随便找了一个空位坐下。我看着眼前的一碗面，对这个面是不是真的好吃产生了怀疑。一来，煮面的时间太短了，这面条确定已经熟了吗？“我不是很喜欢太硬的面。”当时我想叫老板多煮一会儿，可羞怯于第一次来，便讷了口。二来，这面一点汤都没有，棕褐色的酱汁一拌之后，面就更干了，看起来甚至有些黏稠。三来，面条有些粗，吃惯了家乡软滑的银丝面，我对粗面条的口感表示怀疑。四来，这面里头除了一点棕褐色的酱料与一些酸豆角，其他什么佐料都没有，味道能好吗？还有，我对这盛面的用具也颇为好奇，为什么不盛在普通的碗里，而要放在一个看起来像是打包用的纸盒里呢？

周围来吃面的人络绎不绝，武汉人的口音，听起来就像是每个人彼此之间都很熟络，没有小心翼翼的试探，让人感觉热情洋溢。

虽然我有些迟疑，但我仍旧毫不犹豫将一坨面塞进了嘴里——没错，“坨”字是我第一次吃热干面时脑海里冒出来的字眼。一根根的面之间粘着酱料，不可能根根分明，而更像是彼此紧紧黏在一起，挑起来两根面，更多的面会被带着一起被挑起来。

第一次吃热干面的结局并不美好。果然，这面又干又黏糊，像是卡在了喉咙口，让我难以下咽。而且，我太低估柜台上的那一碗红油了，它比我之前吃过的所有辣椒都要辣，而且这辣味一刻也不在嘴巴里停留，直接冲向我的喉咙。虽然我强忍着没有把面吐出来，但我的喉咙已经被攻破，那干辣的感觉让我没有勇气再吃第二口。

我看着周围大快朵颐的人群，心想这面怎么可能吃得下！我有些犹豫，又有些尴尬，是不是应该再吃几口，跟周围的人一样，免得让人看出来我是个第一次吃热干面就被吓坏的外乡人。可是这面着实让我心里的退堂鼓越打越响亮，无奈，我把剩余的面连同纸碗一起，丢进了门口的垃圾桶里。

第一次的失败让我许久都没有提起勇气再尝试吃一口热干面。我忘记了我是从什么时候开始，过早再也离不开热干面的——也许从第二次吃热干面就开始了，我也成了那家店的常客。

五年之后，我离开了武汉，辗转过很多城市，我总是会刻意留意街头有没有卖热干面的小铺子。一寻见，便会兴冲冲地跑进去。可是，没有一次能够称我的心意，别处的热干面总是少了那个味道。最核心的芝麻酱味道不对，选用的面条也不对，就算是加上细葱或者再来点酸豆角，也少了武汉街头的味道。我心生“悲怆”。有一次，我甚至托我在武汉的朋友给我邮寄了一些武汉当地产的速食热干面，就像方便面那样的。酱料的感觉是对的，可依旧少了不少东西——或许是武汉闷热的天气，或许是店铺里嘈杂的人群，或许是店老板行云流水的表演，也或许，是那一个盛面的纸碗。

再次对“热干面”这个词产生强烈感情，是疫情在武汉肆虐的时候，当时，全国上下都在关注着这座城市，我的心也揪成了一团，大家都在用自己的努力为“热干面”加油。每每及此，我便忍不住热泪。可是，武汉的人们，不就像那一碗热干面吗？

——他们简单无比，就像热干面里并不会加太多的佐料，只一勺芝麻酱便可以成就；他们直截了当，就像面碗里不会有那么多的汤汤水水左摇右晃；他们外表很冷实则内心火热，就像那一碗波澜不惊的红油辣椒般火力十足；他们团结、聚心凝力，就像挑起一根面条便会有许多面条跟着一同起来；他们让人忘不了，就像让人忘不了那里的热干面，日思夜想，心生挂念。

没有其他什么面食能够替代这样的热干面，也没有其他什么人能够替代这样的武汉人。或许是时候再次回到那片生活过五年的土地，是时候再来上一碗看起来似乎让人并不那么有食欲，却始终让我难以忘怀的热干面。

二

第一次踏上武汉这片土地，是在坐了 12 个小时的长途车之后。我稍作停顿，便寻找前往学校的公交车。我忘了客运中心是不是那班公交的始发站，但当我上车的时候，已经非常艰难了，我勉强在后边的下车门处挤出了一个位置，同时还得顾着手中笨重的行李箱。

“天啊，这才是清晨，这公交车上怎么就能有这么多人！”当时我心里这么想。我起初还以为车上的人都是同我一样要去学校报到的，但我瞥了一眼公交车上的人群，学生模样的人只有两三个，其他的应该都是武汉当地人。我有些惊讶。我在老家也经常乘公交，这场景，只有在高峰时段才会出现，要是清晨，车上的人肯定寥寥无几。

——武汉的人可真多啊！这是武汉给我的第一印象。

之后的五年，我也经常乘坐公交，从喻家山下的本校区到汉口航空路的医学院。事实证明，几乎所有的时段，那趟公交上的人几乎都是爆满，就算在一个站下去很多人，同样也会上来很多人。那趟公交，我几乎没有能坐到座位的时候。

从本校区到医学院的那段路上，有一件事情让我非常喜悦：那段路上有许多奇怪又有趣的地名，听公交车上播报那些地名，成了我坐车时解乏的乐事。

上车的地方是珞瑜路，紧接着便会有一站，叫大黄村，当时我一直觉得这个村子里应该养了很多黄色的田园犬，名字都叫大黄。当然这只是个开始，再往后，一连串有趣的地名接二连三地出现——叶麻店、关山口、虎泉、卓刀泉、广埠屯、街道口、傅家坡、大东门，过了大东门，便来到了武汉长江大桥，经过黄鹤楼，便是阅马场、古琴台……当听到“循礼门”的站名时，我知道差不多就快到达目的地，该准备下车了。

我初次听到这些地名的时候，就被它们吸引住了，虽然我从来没有在这些站下过车，可我忍不住给它们一一编了不少有趣的故事。比如虎泉与卓刀泉，肯定是在有很多清泉的地方，有一位拿着大刀的英雄在那里打过老虎；街道口，很像午门菜市口，古时候官府大概会在那里处决斩首的犯人；大东门，我一直觉得辛亥革命的开端武昌起义就是在这里打响的；还有古琴台，伯牙绝弦的故事是不是就发生在这里呢？对了，还有关山口，我们学校就在关山口边上，所以学校也很应景地被称为“关山口男子职业技术学院”。

后来，我渐渐打听到了其中一些地名真正的由来。比如卓刀泉，相传是蜀国大将关羽曾经驻兵在此，当时部队缺乏饮水，关羽便将他的青龙偃月刀往地面上一立，“羽用刀卓也”，竟然“水涌成泉”，所以便有了“卓刀泉”这个名字。后来，明楚昭王朱桢还在这里筑了一个井台与井庭，亲自写上了“卓刀泉”三个字。

再如广埠屯，名字的由来可以追溯到明太祖时期。当时明太祖要求诸王护卫军屯田护卫，在武汉戍守的楚王积极响应，命令驻扎在东门外交通孔道口的护卫军置屯耕戍。明太祖当时赐给诸王的仓库名称都以“广”字开头，楚王的仓库名称便叫“广埠”，因此护卫军屯垦之地就被称为“广埠屯”。这个名称也一直沿用至今。

还有街道口，最初的名字叫“钥匙头”；古琴台，正是为了纪念俞伯牙与钟子期的知音之交，在北宋时期建造的；循礼门，是在清朝咸丰年间捻军为了抵御太平军而修建的，与之一起被建造的还有玉带门、居仁门、大智门等八个门，见证了武汉的复兴……

当然，还少不了武汉的汉正街、大名鼎鼎的户部巷、芳草萋萋的鹦鹉洲……这些都是武汉人最愿意去的地方。细细去数武汉的这些地名，你便可以发现每一个名字似乎都在诉说着这个城市的一段历史，这就是这座城市的文化。慢慢地，你也会发现，自己已经被这座城市深深地吸引。

三

医学生与其他大多数专业学生不一样的是，五年期间，有几乎三分之一的时间是在医院度过的。医学是一门非常注重实践的学科，这为大多数人所认同，也是大家会觉得年纪越大的医生越靠谱的原因。

大三，随着“内外妇儿”四门学科的开始，我们边上课边开始了在医院的见习。系里给我们每个人发了一件白大褂、一张医院见习证明，自己又准备了一个听诊器。当我第一次穿上这身行头，顿时觉得自己的形象似乎就不一样了，浑身上下闪耀着希波克拉底的光辉。当我走进医院，甚至觉得周围人看我的眼神都不同了。虽然我的志向并不是当一名医生，但那一瞬间，我的确为我身上这一袭白大褂感到自豪。我的心中也生出了无限的感慨，我的脑海里第一次真真切切感受到了入学时的誓言的真谛："健康所系，性命相托……我决心竭尽全力除人类之病痛，助健康之完美，维护医术的圣洁和荣誉，救死扶伤，不辞艰辛，执着追求，为祖国医药卫生事业的发展和人类身心健康奋斗终生。"这是个伟大的职业，当病人们把自己的生命托付于此的时候，穿上这身白大褂，心中便再无杂念，一心只为去除疾患。

我真正体会到医生的繁忙是在大四，这一年，学校安排我们在"武汉商业职工医院"实习，当地人都管它叫"商职医院"。如果说大三见习期间做得最多的事情是站在一边看，那这一年就开始一些简单的实际操作了。最开始，我被分配到了内科。带我的医生的名字我已经记不清，他不愿意我叫他师傅，更愿意以"师兄弟"相称。师兄的脸有些微胖，年纪大概也就三十岁的样子，有时候他甚至比我还要像个孩子。

每天早上，我会骑着自行车从学校宿舍去医院，然后开始一天紧张又忙碌的工作。到医院后的第一件事，便是给师兄管床的几个病人测量体温跟血压，有几个糖尿病的病人还需要测血糖。商职医院的住院病人大多数是老年人，因为每天都要跟这些病人接触，我渐渐跟他们也熟络了起来。其中有一个病人，我印象很深刻，是一名退伍的老兵，已经七十多岁，我没事的时候便喜欢听他说一些他年轻当兵时的事情。最有趣的是一些老阿姨，她们很关心地问这问那，甚至问我什么时候毕业，打不打算留在武汉。我在想，她们问这些是不是别有用心呢？虽然在住院，但这些病人并没有整天愁眉苦脸，相反，他们时常有说有笑，很是乐观。

差不多做好这些基础工作，便是参加交接班。我不知道其他医院的交接班怎么样，但这家医院内科的交接班很是让人紧张，因为内科主任非常严格，要求每个医生和护士在交接班时必须脱稿。这是什么概念呢？就是首先你得把内科几十个住院病人的姓名跟床号一一对应并记牢，然后对他们各自所患的疾病与疾病的轻重程度了然于心，最后你还得将前一个晚上这些病人的一些特殊情况巨细无遗地汇报给大家。师兄有一次跟我说，这交接班实在是考验脑力，通宵了一晚上还要记住这么多，要么下次交接班发言的任务交给我好了。我听了大惊，连忙摇头，说可干不来，别说记住这些东西了，就是往那么多人面前一站，可能都紧张得说不出话来了。不过师兄说归说，他每次交接班的时候都把前一晚上的情况交代得一清二楚，让我非常佩服。

交接班结束了，我会跟着内科主任一起对几个病情比较严重的病人进行查房，师兄当然也会跟着，这是很好的学习机会。之后，师兄会给他管床的几个病人开药，然后叫我完善他们的病程记录。师兄会边工作边教我一些东西，如该怎么用药、药品的配伍、一些疾病典型的临床表现等，可惜时至今日我已经把这些东西全都忘得一干二净。有时候，我们还要负责接收一些新的住院病人，我便会去向病人询问一些详细的患病情况，根据这些填写病人的入院记录。

可也有让人心碎的时候。那天晚上轮到师兄值夜班，我也跟着一起在值班室过夜。和衣而睡，自然不会睡得太好。下半夜，一名危重病人突然停止了心跳，师兄立马赶了过去。即使早就预料到这名病人可能会出现这样的情况，我仍旧有些慌张。我看了看师兄，他神情有些肃穆，但仍旧有条不紊地安排着抢救的措施。师兄、护士还有我三个人轮流给病人胸外按压，虽然用尽了各种抢救手段，但病人还是没有被救回来。这是我第一次亲身经历有人就在我眼前死亡，监测仪持续的蜂鸣声格外刺耳，我呆立在原地，那种在死亡面前束手无策的虚弱感让我几欲晕厥。那一刻我明白了，虽然我们都很努力了，但医生真的没有办法每一次都能够将病人都从死神手里夺回来。

在内科的日子过得很快，这是个如同大家庭般的科室，还有一群格外有趣的病人，一个月之后，我跟他们都成了朋友。学校给我们安排的实习每个科室只有一个月的时间，但我硬是在内科待了两个月才依依不舍地离开。并不是因为我喜欢上了做医生的感觉，而是每一名医生、每一名护士的精神时刻在感染着我，是“健康所系，性命相托”的誓言时刻在激励着我。

或许放在平时来看，每一名医护人员都不伟大，每一名正在经历战斗的医护人员，他们也不会觉得自己有多伟大。但在每一个特殊的时刻，他们中的每一个人都是那么让人感动，同时，又是那么让人安心。正是有了这样一群人的存在，我们才不会害怕，才能够安然地待在后方。因为我们知道，有他们在，前线永远不会失守！

四

大五，我终于能够进到日思夜想的法医学系大楼上课，开始法医专业的学习。我记得学校的解剖楼就在法医学系大楼的隔壁，大二时每次上解剖课总会经过这幢楼。每次我总忍不住向里头张望，似乎里头总有吸引人的神奇魔力。

在前头四年的学习里，我对“法医”这两个字的认识渐渐丰满起来。在这期间，我聆听过武汉公安一名资深法医讲述他在公安系统中经历的惊心动魄、精彩纷呈的故事，也聆听了李昌钰教授讲述他一生中经历过的诡秘绝伦、叹为观止的故事，亦聆听了黄光照教授讲述他与同济法医的不解之缘、一生之绊——我对之后的法医之路逐渐有些期待了。

在前头四年里，有不少同学因为各种原因，离开了法医学系，也有不少有着法医梦想的同学加入了这个大家庭。但法医学系的人数还是少了许多，从入学之初五十几人，到毕业时，只有三十四人。不过这是一个足够温暖团结的家，每个人之间都有着无比真挚的感情，如果你经历过我们的毕业晚会或者毕业聚餐，从大家的眼泪与拥抱中或许能够感受到。

大五，当我真正怀着一颗法医学子的心踏进法医学系的大楼，或许已经注定我的一生都将与此为伴。在学期中，除了有法医学课程的学习，还有一项让我们所有人都非常期待的教学内容——在这个学期，老师会轮流带着班上的同学出去做解剖。我的学号靠前，所以开学没过几天，我便得到了第一次出去解剖的机会。

我并不确定我是否已经准备好了。人生大概就是这样，很多时候并不会让你有充足准备，便让你硬着头皮上。虽然我知道迟早会面对，但我的心里还是有些发怯，并不是害怕尸体，是怕自己没有能力做好。

在约定的时间，我坐上了老师的车。我感到格外紧张，车里的空气似乎都凝滞了，让我不能呼吸。与我同行的还有跟我一个寝室的兄弟，我知道他也很紧张。

那天的天气有些阴沉，没有出太阳。我已经记不得那个地方是武汉的哪个区，只知道我们的车停在了一家医院的太平间前。太平间的铁门有些生锈，我推开门的时候感觉门格外沉重。太平间里头比外面的天更加昏暗，只看到离门不远的地方有一张尸体台，台面上已经放着一个黑色的裹尸袋。

大概老师也知道我们是一群毫无经验又有些畏手畏脚的“新兵蛋子”，所以老师只是将最简单又不会出错的工作交给我们做，如从下颌到耻骨联合的纵行切开、胸部肌肉的分离。可光是这些简单的工作，我似乎也做不好。在做纵行切开的时候，我一点力气都不敢用，结果从上到下就只是把皮肤给切开了，有的地方甚至只切到了表皮层。按照法医的说法，这个连一个“创口”的标准都达不到。

老师说，用点力气。可我还是很仔细很小心地下刀，生怕把什么东西给切坏了。老师在一边不停提醒我用点力气，不要怕，没什么东西会被切坏。你们可以想象，当时的我光是做这一个非常简单的动作，都已经大汗淋漓！

因为我们的动作实在太慢，解剖的时候老师还要跟我们讲一些解剖的知识点，所以这场解剖持续了有四五个小时，解剖完成后，我整个人都感觉要虚脱了。并不是因为解剖太累，而是因为第一次的紧张、畏惧，而解剖时老师讲的那些知识点，我根本都没有听进去。

现在想起来，那也算是一段弥足珍贵的经历。“一回生，二回熟”这句话用在法医身上也很合适，第一次的解剖经历让我在第二次实践时就不再那么紧张。这也让我知道，停留在课本中与真刀真枪去实践，完全是两回事。

回程的路上，老师问我们感觉怎么样。我惨淡地笑着说有些紧张。他说：“不要怕，你们已经很棒了，你们已经踏出了非常重要的一步。要相信，你们在从事着这个世界上绝大部分人都无法从事、不敢从事的事业，它探寻着被深埋于黑暗的真相，也探寻着人类与生命的本质。所以不要怕，这个事业是神圣的，你们总有一天会在这个职业中发出你们自己的光彩。”

是的，我也坚信。

如今，我毕业也有十年，我依旧对那五年的时光无比怀念，怀念那个拥挤又喧闹的城市，怀念那所秀美又充满活力的学校，怀念那群勇敢又可爱的挚友。人生总是在不断前行，每个阶段总有每个阶段的精彩。作为一名法医，我想，我们总归要满怀热忱与希望，我们从事着与死亡最接近的事业，但这一切，都是为了更好地生。

图书在版编目（CIP）数据

法医笔记：死亡与识骨背后 / 王敏著. —北京：中国法制出版社，2022.4

ISBN 978-7-5216-2585-1

Ⅰ. ①法… Ⅱ. ①王… Ⅲ. ①法医学—文集 Ⅳ. ① D919-53

中国版本图书馆 CIP 数据核字（2022）第 046577 号

策划编辑 / 责任编辑：吕静云（lvjingyun0328@sina.com） 封面设计：汪要军

法医笔记：死亡与识骨背后

FAYI BIJI : SIWANG YU SHIGU BEIHOU

著者 / 王 敏

经销 / 新华书店

印刷 / 三河市紫恒印装有限公司

开本 / 880 毫米 ×1230 毫米 32 开 印张 /8.75 字数 /187 千

版次 / 2022 年 4 月第 1 版 2022 年 4 月第 1 次印刷

中国法制出版社出版

书号 ISBN 978-7-5216-2585-1 定价：45.00 元

北京市西城区西便门西里甲 16 号西便门办公区

邮政编码：100053 传真：010-63141600

网址：http://www.zgfzs.com **编辑部电话：010-63141781**

市场营销部电话：010-63141612 **邮购部电话：010-63141606**

（如有印装质量问题，请与本社印务部联系。）